新しい心のバリアフリーずかん

きみの「あたりまえ」を見直そう！

監修／中野泰志

ほるぷ出版

もくじ

心のバリアフリーって何だろう? … 4

第1章 みんながくらす町

この町は、どんな町? … 16
- シーン1 ちょっとの段差で、たいへん! … 18
- シーン2 点字ブロックや白杖は、何のため? … 20
- シーン3 知ってる? 長くなる青信号 … 22
- シーン4 道を聞いたら、手話で返事が!? … 24
- シーン5 買い物を楽しめるスーパーマーケット … 26
- シーン6 みんながくらしやすい家 … 28

自己紹介します … 32

第2章 乗り物で出かけよう

駅に着いたら、どうする? … 38
- シーン1 きっぷを買って、改札へ … 40
- シーン2 ホームまでは、何で行く? … 42
- シーン3 ホームを安心して利用したい … 44
- シーン4 自由に、乗りおりしたいね … 46

電車の中では、どうする? … 48
- シーン1 席の優先マナーって? … 50
- シーン2 優先スペースのルールを守ろう! … 52
- シーン3 アナウンスだけでなく 車内表示が必要 … 54
- シーン4 落ち着かない人も 乗りやすくしよう … 56

乗り物は、みんなのもの … 58
教えて! 空港のこと … 60

第3章 学校を見てみよう

いろいろな友だちがいる学校へ! … 62
- シーン1 どんな子がいるかな? … 64
- シーン2 目が見えにくい友だちのことを知ろう! … 66
- シーン3 耳が聞こえにくい友だちのことを知ろう! … 68
- シーン4 読むのが苦手な友だちのことを知ろう! … 70

| シーン5 | モヤモヤの理由がわかれば、納得！ | 72 |
| シーン6 | 交流の時間を楽しもう！ | 76 |

学習をサポートするグッズ　　78
さまざまな学級・学校の種類　　81

体験しよう

ワークショップで学ぼう！　　82
ピクトグラムを知ろう　　87
点字を知ろう　　90
手話で話そう　　92
目の見えない人・見えにくい人のガイドヘルプ　　95
車いす使用者の手伝い　　96

第4章　いろいろな場所へ行こう

スタジアムへ行こう！　　98
映画やコンサートを楽しもう！　　100
美術館・博物館 テーマパークが楽しい！　　102
レストランで快適な食事タイム！　　104
くふうされた病院でスムーズに受診！　　106
みんなが使いやすいトイレ　　107

災害時はどうしたらいい？　　110

第5章　パラリンピックを楽しもう！

パラリンピックはこんな大会！　　114
競技を知ろう！　体験しよう　　116
夏季パラリンピックの競技　　118
冬季パラリンピックの競技　　122
私が体験した、世界のバリアフリー　　123

用語さくいん　　124
「あたりまえ」を見直して、一歩前へ！　　126

心のバリアフリーって何だろう？

「バリアフリー」という言葉を知っていますか？　「バリア」とは、何かのさまたげになる障壁（かべ）のこと。バリアをなくすこと・なくした状態を「バリアフリー」といいます。

私たちがくらす社会には、さまざまな人がいます。赤ちゃんもお年寄りもいて、速く歩く人も、ゆっくり歩く人もいます。生まれ育ったところもそれぞれにちがい、考え方も、好ききらいも、得意なことや苦手なこともちがいます。

そこで、こんなことがおこります。

ある人にとってはバリアではないものが、別のだれかにとってはバリアになってしまう……。あなたがまだ、気づいていないバリアに、こまっている人がいるかもしれないのです。

まず、そのことに気づくのが心のバリアフリーの第一歩。私たちのなかにある、「気づかない」という心のバリアを取りはらい、バリアフリーの社会を実現するために行動することを、心のバリアフリーと呼びます。バリアフリーの社会とは、さまざまなちがいのある人が、みんな同じように参加できて、いきいきと活動できる社会です。

心のバリアフリーには、大切な3つのカギがあります※。

① 「バリア」が社会のなかにあると気づくこと

② 自分とはちがう人に対して、差別をしないこと

③ 自分とはちがうさまざまな人とコミュニケーションをとり、想像し、共感する力をもつこと

つぎのページから、ひとつひとつ見ていきましょう！

いっしょに考えよう！

※本書は、「ユニバーサルデザイン2020行動計画」（→P13）に基づき「心のバリアフリー」を解説しています。

心のバリアフリー ① のカギ

バリアは、どこにある？

1のカギは、「『バリア』が社会のなかにあると気づくこと」。下の絵を見てみましょう。ここでバリアになっているものは何でしょうか？

バリアがあるのは、なぜ？

あなたはこの絵を見て、何に気づきましたか？「車いすの子は、お店に入れなくてかわいそう」と思った人もいるかもしれませんね。でも、お店に入れないのは、この男の子が車いすに乗っているからでしょうか？

もしもお店の前に段差がなければ、この男の子はほかの人と同じようにお店に入ることができるはずです。つまり、この男の子がお店に入れないのは、車いすを使っているからではなく、段差があるから。では、なぜ、ここに段差があるのでしょうか？

それは、お店をつくるときに、「段差があっても、移動にこまらない人」のことしか、考えなかったからかもしれません。「段差」そのものもバリアですが、その前に、「いろいろな人のことを想像できない」ことが、社会のなかにたくさんのバリアをつくりだしてしまっています。

社会のバリアを取りのぞこう

これまで、私たちの社会は、体や心に障害のある人が、障害のない人と同じように活動することができない場合、その原因を、人に障害があるからだと考えてきました。けれども実際は、原因は社会のなかにありました。「車いすだから入れない」のではなく、「車いすを使っている人が利用することを考えずに、建物をつくった」ことが原因だったのです。

建物だけでなく、目の見えない人が読めない案内板や、耳の聞こえない人にわからないアナウンスも、私たちの社会がつくりだしたバリアです。だから、バリアを取りのぞくのは、社会の責任です。私たちひとりひとりが、その社会の一員です。

車いすだから入れないんじゃなくて…

車いすでお店に来る人がいることを考えなかったからか…

心のバリアフリー ②のカギ

差別しないって、どういうこと？

2のカギは、「自分とはちがう人に対して、差別をしないこと」。たとえば、障害のある人がお店に入ることや、乗り物を利用することを、障害を理由に拒否したら、それは差別に当たります。差別をしないためには、だれもが同じ権利をもっていることを認めて、おたがいを尊重し、公平にすることが重要です。では、公平とは、どういうことでしょうか？

へいの向こうの野球を見たい！

へいの向こうでは、草野球大会が行われています。イチローくん、フミさん、サンタくんは、3人とも野球を見たいと思っていますが、へいがじゃまして、いちばん背の高いイチローくんしか見ることができません。

見られない子がいるのは、公平じゃないよね。

みんなが見られるようにするには、どうしたらいいのかな？

1人に1つ、ふみ台が配られた

そこへ、野球場の管理人さんが、「ちょうど、ふみ台が3つあったよ」と、1人に1つずつ配ってくれました。ふみ台に乗ると、フミさんはへいの向こうの試合を見られるようになりました。でも、サンタくんはまだ見られません。

ふみ台が1人に1つずつだから、公平なのかな……？

うーん、でも、みんなが同じように野球を見られるようにはなっていないわ。

心のバリアフリーって何だろう？

3人で話しあうと……

みんな、見られるようになった！

サンタ ：「背が低いせいでぼくだけ見られないなんて、がっかり……」
フ ミ ：「あきらめないで、みんなが見られる方法を考えようよ」
イチロー：「あのさ、ぼくは、ふみ台がなくてもいいよ」
3　人 ：「いい方法を思いついた！」

　3人が思いついたのは、イチローくんはふみ台を使わないで、フミさんはふみ台を1つ、サンタくんはふみ台を2つ使う方法でした。すると、みんなが公平に、へいの向こうの野球を見られるようになりました。

同じやり方ではなく、同じ結果になることを考えよう

　野球場の管理人さんは、3人に同じように1つずつ、ふみ台を配ってくれました。でもそれでは、「3人が同じように野球を見られる」という結果になりませんでした。差別をしているつもりはなくても、「野球を見られない子がいる」というバリアがある状況はなくならなかったのです。
　このとき、「ふみ台を配ったのだから、それでも見えなかったらしかたない」と思ってあきらめたら、バリアはなくなりません。みんなが公平に参加できるまで、くふうを続けることが大切です。

みんなが見られるようになってよかった！

ふみ台の使い方はちがうけど、それがよかったんだね！

※ P6～7の「ふみ台」のエピソードは、米国の大学教授 Craig Froehle 氏が SNS に掲示したイラストと文をヒントにしています。

心のバリアフリー ③のカギ

いろいろな人と話をしよう！

3のカギは、「自分とはちがうさまざまな人とコミュニケーションをとり、想像し、共感する力をもつこと」。でも、自分以外の人が何にこまっているかを知ることや、だれかがこまるバリアが社会にあると気づくことは、かんたんではありません。また、同じ障害であっても、こまっていることや必要なことは、人によっても状況によってもちがいます。だからこそ、さまざまな人とコミュニケーションをとり、その人の立場になって想像し、共感することで、バリアに気づき、行動につなげていくことが大切です。

どんな人がいて、どんな行動や、話をしている？

絵の中には、いろいろな人がいます。車いすバスケットボールの話をしている男の子がいますね。このスポーツのことを知っていますか？

お年寄りの夫婦が、ベンチをゆずってもらっています。年をとると、どんなことにこまるのでしょう？ ポニーテールの女性がつれている犬は、どんな犬だと思いますか？

そのほかの人たちのことも、会話や行動から想像してみましょう。そして、「もしも自分がこの人だったら、町や電車の中でこまることはあるかな？」などと、さらに想像して、具体的な行動をおこしましょう。

わあ！見に行きたい！

私も！

ぼく、車いすバスケを始めたんだ！

きのうレストランで、犬は入れませんって言われたの

ひどいわ！盲導犬は入れるって、法律で決まっているのに！

ありがとうございます

ここ、どうぞ

心のバリアフリーって何だろう？

学校のシーンで考えよう

いろいろな人をよく見ていくと、バリアがどんなところにあるのか、だんだん気づくことができるようになります。つぎは、みなさんが通っている学校を見てみましょう。学校も社会の一部です。学校にも、バリアがあるかもしれませんね。絵を見ながら考えていきましょう。

ずるい？　ずるくない？

　今はテストの時間です。タブレットを使っている子が2人います。

　2人のうち、男の子は、視力がとても弱く、これまでプリントの文字は、ルーペを使って1文字ずつ読んでいて、とても時間がかかりました。でも、タブレットを使って文字を拡大すると、プリントの文字を読むよりも、ずっと速く読むことができます。

　女の子のほうは、「文字と音をむすびつけるのが苦手」という脳の特性があります。だからやっぱり、読むのにとても時間がかかります。でも、タブレットの「読み上げ機能」というアプリを使うと、書かれている内容をスムーズに理解することができます。

　けれども、教室の中には、2人だけがタブレットを使っているのを「ずるい」と思っている子がいるようです……。

　みなさんは、「ずるい」と思いますか？
　もう一度、7ページのふみ台の絵を見てください。サンタくんがふみ台を2つ使っているのは、ずるくないですね。タブレットを使っている2人にとって、それは、ふみ台と同じ。ずるくなんて、ありません。

ぼくも、ずるくないって思うよ！

私も！　だって、やり方がちがうだけで、テストは同じだから。

心のバリアフリーって何だろう？

すべての人が行動しないと
バリアはなくならない！

5ページで、バリアは社会のなかにあり、バリアを取りのぞくのは社会の責任であると説明しました。それはつまり、私たちひとりひとりがバリアに気づき、行動する必要があるということです。

バリアをつくるのも、なくすのも私たちという「社会」

　左ページで見たように、ほかの子にとっては、プリントの文字を読むことはバリアではないのに、ある子にとってはバリアになります。だから、学校がタブレットを用意して、先生がそのタブレットにテスト問題を入れてくれることが大切です。でも、それだけではなく、みんながそれを「ずるいことではない」と気づけることも同じように大切です。

　気づかないことは、バリアをつくる原因になります。クラスのひとりひとりが気づかなければ、教室のバリアをなくすことはできません。

　町のなかでも同じです。町には、段差のあるお店はたくさんあります。これまで、私たちの社会は、「段差があっても移動にこまらない人」のことしか考えていませんでした。バリアをなくすた めには、同じ町にくらすひとりひとり、つまり、私たちの社会が、そのことに気づく必要があります。そこから、行動につなげていきます。

　バリアをつくりだしているのも、バリアをなくすことができるのも、ひとりひとりの私たち。子どもも、おとなも、みんなが社会をつくっている一員です。あなたも社会の一員として、どんなことができるか、考えてみましょう。

　でも、あなただけが行動をおこしても、バリアはなくならないかもしれません。まわりのおとなにも気づいたことを伝え、みんなでいっしょになって、社会を変えていくことが大切です。

みんなの権利を守るルールを知ろう！

社会のバリアをなくすことができるように、国が定めたルール（法律）があります。それが、<mark>障害者差別解消法</mark>です。

少しむずかしいかもしれませんが、みんなが同じようにくらす権利が、法律で守られているのです。この法律のポイントを見てみましょう。

不当な差別的取扱いの禁止

学校や社会教育施設、スポーツ施設、文化施設などの例をあげると、障害※のみを理由に、つぎのようなことをするのが「不当な差別的取扱い」です。

「入学をこばむことや、こばまない代わりに正当な理由のない条件をつけること」「窓口での対応を拒否したり、順番をあとまわしにしたりすること」「テストなどで合理的配慮を受けたことを理由に、評価に差をつけること」

こういったことをしてはいけないことが、法律で定められています。

※身体障害、知的障害、精神障害（発達障害を含む）、その他の心身の機能の障害のことを指します。

法律でちゃんと決められていることなんだ！

合理的配慮の提供

同様に、学校などの例で見ると、「合理的配慮」には、つぎのようなことがあります。

「移動が困難な人は早めに入場できるようにし、席に誘導する」「筆談、要約筆記、読み上げ、手話、点字など、さまざまなコミュニケーション手段やわかりやすい表現を使って説明などをする」「介助者が教室に入ることを許可する」「災害時の警報音や緊急連絡が聞こえない子に、職員が直接知らせたり、目で見てわかる警報設備や電光表示機器などを用意する」

こうした配慮を、大きすぎる負担がないにもかかわらず提供しないことは、法律で禁じられています。

参考資料：「文部科学省 所管事業分野における障害を理由とする差別の解消の推進に関する対応指針」

法律のあゆみ

1990年：アメリカで「障害のあるアメリカ人法（ADA）」誕生
障害者差別を禁止する法律で、世界の障害者差別禁止法に大きな影響を与えた。

2001年：世界保健機関（WHO）が「国際生活機能分類（ICF）」を採択
障害についての考え方が新しく定義された。

2002年：日本で「身体障害者補助犬法」施行
交通機関、ホテル、病院、飲食店、スーパーなどへの補助犬の受け入れなどが義務づけられた。

2005年：日本で「発達障害者支援法」施行
発達障害を早期に発見し、発達支援を行うことが定められた。2016年に改正。

2006年：国際連合が「障害者権利条約」を採択
障害者の人権を保障することを義務づけた国際条約。

2006年：日本で「バリアフリー法」施行
「ハートビル法」（1994年）と、「交通バリアフリー法」（2000年）をひとつにした。2018年に改正。

2014年：日本が「障害者権利条約」を批准

2016年：日本で「障害者差別解消法」施行
正式名称は「障害を理由とする差別の解消の推進に関する法律」。

2017年：日本は「ユニバーサルデザイン2020行動計画」※を発表
2020年東京オリンピック・パラリンピックをきっかけに、すべての人が人権や尊厳を大切にし支え合い、いきいきとした人生を送ることができる共生社会を実現するための計画。ユニバーサルデザイン（→P83）のまちづくりと、国民の心のバリアフリーをめざす。

※「ユニバーサルデザイン2020行動計画」で取りくむ「心のバリアフリー」とは、さまざまな心身の特性や考え方をもつすべての人々が、相互に理解を深めようとコミュニケーションをとり、支え合うことです。そのためには、ひとりひとりが具体的な行動をおこし継続することが必要です。各人がこの「心のバリアフリー」を体現するためのポイントは以下の3つです。
① 障害のある人への社会的障壁を取りのぞくのは社会の責務であるという「障害の社会モデル」を理解すること。
② 障害のある人（およびその家族）への差別（不当な差別的取扱いおよび合理的配慮の不提供）を行わないよう徹底すること。
③ 自分とは異なる条件をもつ多様な他者とコミュニケーションをとる力を養い、すべての人が抱える困難や痛みを想像し共感する力をつちかうこと。

本書では、この考えをもとに「心のバリアフリー」を解説しています。

気づいて、行動する、心のバリアフリー

　この本では、社会にあるいろいろなバリアに気づくヒントや、さまざまな人の気もちを知る手がかり、バリアをなくすためのくふう、「やってはいけないことは？」「こんなとき、どう行動したらいい？」という疑問に答えるヒントを紹介しています。たとえば、下の例を見て、「こんなことかな？」と想像できたら、さっそく、つぎのページを開いてください。

本人の気もちを聞く

　映画館の車いす使用者専用席は便利ですが、少し残念に思っていることがあります（→P101）。

町には、くふうがある！

　点字ブロックは、目の見えない人・見えにくい人のための大切なくふうです（→P20）。

こんなアクションは、ダメ！

　ゲームに夢中で、松葉杖の人に気づかなかったり、席をゆずろうとしないのはNGです（→P51）。

あなたのアクションで変わる！

　電車が緊急停車！ 耳の聞こえない人・聞こえにくい人に状況を伝えましょう（→P55）。

第1章
みんながくらす町

町には、道路が張りめぐらされ、家や店がならんでいて、さまざまな人がくらしています。みんながくらしやすい"くふう"もあるけれど、ほんとうにだれにとっても生活しやすいでしょうか？ さあ、じっくり町を観察してみましょう。

ちょっとの段差で、たいへん！

シーン1

"平ら"をめざそう！

　店の入り口や店内には、ちょっとした段差がよくあります。段差があると、ベビーカーを利用している人は、持ちあげるのがたいへんですし、車いす使用者は、店に入ることをあきらめたり、病気で酸素ボンベを持ち歩く人も、体への負担が大きくなったりすることがあります。

　そんな"たいへん！"を解消するのが**スロープ**、段差をなくす斜面です。スロープがあれば、ベビーカーや車いす、カートを使う人も、移動できるようになります。ただし、斜面は危険だと感じる人もいるので、平らにすることがいちばんの解決策です。

スロープ

段差を解消するスロープは、傾斜をできるだけゆるやかにつくれば、"平ら"に近くなる。また、手すりをつけることや、長いスロープの場合は途中で休めるように、踊り場を設けることも重要。

スロープがあっても角度が急な所では、お手伝いが必要な場合があるかも！

段差や階段では、声をかけよう！

ほんとうはスロープやエレベーターがないとダメだね！

車いすの人が段差の近くで止まっていたら、手伝いが必要か、声をかけてみましょう。具体的には、「どうしたらいいですか？」と、本人に聞きましょう。

ベビーカーで赤ちゃんをつれた人は、階段を上り下りするのに、ひと苦労。荷物を持ってあげると楽になります。

Q 駐車場のこのマークは？

A 駐車場の中で車いすのマークがある場所は、**車いす使用者用駐車場**です。一般的な駐車スペースより広く、幅が 3.5 m 以上あります。これよりせまいと、駐車しても、車いすで乗りおりすることができません！　だから、元気に歩ける人がここに駐車するのはルール違反。また、このスペースは、車いすで長い距離を移動しなくてもいいように、建物の入り口に近い所にあることも重要です。駐車場を利用することがあったら、入り口の近くにあるか、チェックしてみましょう。

車いす使用者用駐車場。しま模様のゼブラゾーンが描かれていたら、そこもふくめた幅が 3.5 m 以上ある。

きもち

"どうしよう"の場面は自分からまわりに声かけ

左上のイラストで、車いす使用者が段差を前にしてこまって、止まっています。こんなとき、周囲の人が声をかけてくれると助かりますが、車いすを使用している本人も、「お手伝いをお願いできますか？」と声を出すとよさそうです。私は内部障害（→P34）があり、"どうしよう"と思う場面もあります。そこでただ待つだけじゃなく、自分からまわりに状況を伝えるように心がけています。
〈お話してくれた人：大場奈央さん〉

もし、声をかけられたら、「はい、どうしたらいいですか？」と答えよう！

点字ブロックや白杖は、何のため？

シーン2

見えない人の案内役

道を歩くとき、目の見えない人・見えにくい人にとって、とても重要な役割をするのは、タイル状の**点字ブロック**です。点字ブロックには、**線状ブロック（誘導ブロック）**と**点状ブロック（警告ブロック）**の2種類あります。とくに、横断歩道や階段が始まる所などには、点字ブロックが必ずないと危険！　また、横断歩道にはエスコートゾーン（→P23）も必要です。

　目の見えない人・見えにくい人は、**白杖**という白い杖を使うことがあります。白杖には、右のような大事な役割があります。点字ブロックを確認するときは、白杖を使う人や、足の裏の感覚で確かめる人など、それぞれにちがいがいます。

白杖

周囲の様子をさぐるほか、目が見えない・見えにくいことを、まわりの人に伝える目的もある。ふつうの杖と区別するために、色は白と決められている。

おりたためるタイプもある。

点字ブロック

正式名称は視覚障害者誘導用ブロック。下の2種類のほか、駅のホームには内方線つき点状ブロック（→P44）も使われる。色は、目の見えにくい人にもわかりやすい黄色が多く使われている。

線状ブロック（誘導ブロック）
進む方向を知らせる。

点状ブロック（警告ブロック）
止まる所、曲がる所を知らせる。

 **大切なガイドだから、やっちゃダメ！**

点字ブロックの上には、自転車や荷物を置いてはダメ！　白杖を使う人が安全に移動できません。つまずいたり、物をよけて車道へ出てしまったりすると、とても危険です。

白杖に足を引っかけたり、自転車の車輪に巻きこんだりしてしまうと、白杖を使っている人はとてもこわい思いをします。こんな「うっかり」は決してしないように注意しましょう。

何もできないって誤解しないで！

目が見えないと、移動のときは苦労することが多いけれど、日常生活の多くのことは、ひとりでできるんですよ。たとえばパソコンやスマートフォンなども、見える人と同じように使いこなします。「目が見えない人は、ひとりでは何もできない」「いつもこまっている人」なんて思われるのは、いやだな。
〈目が見えないケイタさん〉

こまった様子なら声をかけよう！

白杖には、それを持っている人が、目が見えないか、見えにくいことを、まわりの人に知らせる目的もあります。たとえば、向こうから白杖を持った人が歩いてきたら、道をゆずることができますね。

また、白杖を持った人がこまっている様子だったら、「お手伝いしますか？」と声をかけましょう。そして、手伝いをお願いされたら、「どうすればいいですか？」とたずねてみて。言葉で説明できるときや、手引き（→P95）が必要なときなど、状況によってちがうからです。

声をかけたら、じつは立ち止まっていただけで、「だいじょうぶです」と言われることもあるよ。そのときは安心してその場を離れてOK！

知ってる？
長くなる青信号

シーン3

ふつうの信号機は私には青が短いんだ

このスイッチは何だろう？

時間を延長して安全に！

　横断歩道は、道を安全にわたれるエリアです。でも、高齢者、小さな子ども、目の見えない人・見えにくい人、ベビーカーや、車いすを使う人たちには、ふつうの青信号は時間が短すぎることがあります。そんなとき、**青延長用おしボタンつき信号機**があれば、歩行者の青信号の時間を長くすることができます。

　また、**音響式信号機**があれば、目の見えない人・見えにくい人に、音で青信号を知らせることができます。こうしたくふうとともに、そばにいる人が、たがいに注意し合うことが大切です。

『青延長用おしボタンつき信号機』と『音響式信号機』

青延長用おしボタンつき信号機
ボタンをおせば、青信号の時間を延長できる。

音響式信号機
青信号のときに「カッコー♪」「ピヨピヨ♪」などの音が出る。音は進行方向によってちがい、目の見えない人・見えにくい人が方向を知ることもできる。

音響式信号機は、目の見えない人に必要なもの。でも、夜になると音を切ってしまう所もあるの。どうしたらいいかしら？

みんながくらす町

目の見えない人が、安全に道をわたるために

エスコートゾーン
横断歩道の中央にあるブロックつきのゾーン。点字ブロックとは突起のならび方がちがう。

音の出ない信号機だと、目の見えない人がひとりで道をわたるのはむずかしいんですね。でも、ぼくの町には音響式信号機は少ないです。

音響式信号機のほかに**エスコートゾーン**もないと、まっすぐわたるのはむずかしいよ。横断歩道の中央にある、点字ブロックに似た部分がエスコートゾーンだ。今はまだ数が少ないけれど、横断歩道には必ずつけてほしいな。

たとえば白杖を持った人を見かけても、こまった様子でなければ、見守ってくれればOK。こまったふんいきだったら、「お手伝いしましょうか？」と声をかけて、どうしたらいいか聞いてくれるといいな。

ふつうの信号機と横断歩道だけだったら、ぼくには何かできますか？

わかりました！

NGアクション
信号無視は絶対ダメ！見えない人も巻きぞえに

「赤信号だけど、車が来ないからわたっちゃえ」なんて信号無視をすると、自分が危険な目にあうだけでなく、目の見えない人・見えにくい人が、青信号になったとかんちがいして、わたってしまうかもしれません！ 絶対やっちゃダメ！

アクション
危険なときは、すぐに声をかけて！

目の見えない人がまちがって車道のほうへ歩きだしたときなどは、ためらわずに、「白杖の人、止まって！」などと声をかけて、安全な場所へ手引きしてください。「白杖の人」とわざわざ言うのは、そうしなければ、だれに声をかけているのかがわからないからです。盲導犬をつれていたら「盲導犬の人」など、とっさに浮かんだ言い方でOKです。

道を聞いたら、手話で返事が！？

シーン4

いろいろな方法で会話！

道で駅への行き方をたずねている男の子がいます。たずねられた人は、手話で答えました。耳が聞こえない人だったのです。さあ、あなたならどうしますか？

耳が聞こえないことは、見た目ではわかりません。だから「町には聞こえない人・聞こえにくい人がいる」と知っておくことが大切です。声で伝えられなくても、コミュニケーションの方法はほかにもあります。

絵の中には、自転車のベルを教えている聴導犬（→P30・33）もいます。後ろから来る車のクラクションや自転車のベルを、耳の聞こえない・聞こえにくいパートナーに知らせることが聴導犬の仕事のひとつ。でも、聴導犬をつれている人は、まだほんの少しです。歩行者の近くでは必ず自転車のスピードを落としましょう。

！アクション

手話以外にも会話の方法がある

耳が聞こえない人との会話は、手話だけではありません。①口の形をはっきりとさせながら「えきは？」と言う ②手のひらに「えきは？」と書いて見せる ③紙に書いて見せる ④携帯電話に文字を打って見せるなど、いろいろな方法があります。あいての人も、わかりやすく答えてくれるはず！

→手話で「ありがとう」を言うときはP93

NG！アクション

コミュニケーションをあきらめないで

声をかけた人が、耳が聞こえないとわかったら、あわててしまうかもしれませんね。でも、「あ、いいです！」なんて立ち去ったら、あいての人はどう思うでしょうか？ こんなときこそ、コミュニケーションの手段はいろいろあることを思いだして、ためしてみて。

くふう

『コミュニケーション支援ボード』で会話を！

ボードに絵や、外国の言葉が書かれていて、それを指さすことで会話ができる便利グッズです。耳が聞こえない人、外国人、知的障害がある人、小さな子どもなどが、言葉でうまくやりとりできないときに活躍します。交番、救急車、駅の案内所、コンビニエンスストアなどに用意されています。災害時グッズとしても備えておきたいもののひとつです。

たとえば、急に具合が悪くなったら、おなかをおさえている人の絵や、病院の絵を指して示す。

きもち

なんでもない会話だって参加したい！

友だちと数人で話をしているとき、内容がわからなくて質問すると、「たいしたことないからいいの」「あとで説明するね」と、おしゃべりに参加できないことが何度かありました。でも、なんでもない会話こそ楽しいですよね。こんなとき、どうすれば会話に参加できるか、みんなで考えられたらうれしいです。

〈耳の聞こえにくいアイコさん〉

買い物を楽しめるスーパーマーケット

シーン5

広い通路＆低い棚がラク！

毎日の食品や日用品を買いに行くスーパーマーケットは、みんなの生活にとって大切な場所。だれもが、使いやすくないとこまります。段差がなく、通路が広ければ、車いすやベビーカーを使う人、シルバーカー（手おし車）をおす高齢者も利用しやすい店になります。
通路は、車いすとショッピングカートがすれちがえる広さ、棚は、車いす使用者や子どもが手のとどきやすい高さがいいのです。さあ、楽しく買い物できるスーパーマーケットを見てみましょう。

それぞれの人ができること

上の場面では、小さな子にジャムを取ってあげていますね。

車いす使用者だからといって、サポートをしてもらうばかりじゃなく、ほかの人の手助けだってしたいからね。たとえばぼくは、手の操作で自動車を運転するから、運転できない家族をいろいろな場所に送り迎えしているよ。

だれかが喜んでくれるのって、うれしいですよね。

アクション みんなが買い物を楽しめるように、何ができる？

「これですか？」

「お手伝いしましょうか？」

「レジをおさがしですか？」

高い棚や、奥にある商品に手がとどかない人を見かけたときは、「取りましょうか？」「どれですか？」などと声をかけましょう。

目の見えない人・見えにくい人が、商品をさがしていたら、「お手伝いしますか？」「店員さんを呼びましょうか？」などと聞いてみましょう。

目の見えにくい人は、レジの場所がわからないこともあります。「レジをおさがしですか？」「レジまでおつれしましょうか？」と声をかけてみて。

Q 目の見えない人は、どうやって買い物をするの？

ぼく、買い物するのが好きなんです。でも、目が見えなかったら、どうやって買い物するんですか？

ぼくも買い物が好きだよ。たいていはお店の人に商品の場所へ案内してもらって、種類を言ってもらってる。

店員さんでなく、ほかのお客さんに聞くこともありますか？

うん、近くにいる人に聞いたほうが早そうなときなんかはね（笑）「ラベルを読みましょうか？」、「これ、新商品ですよ」なんて声をかけてくれる人がいると、うれしいんだ。

そうか、商品のことがいろいろわかったほうがいいですよね！ お金を払うときは、どうするんですか？

硬貨もお札も、さわってわかる印があるし、最近は、スマートフォンで読みとって種類を読みあげたり、大きな文字で表示してくれるアプリもあるよ。

すごい！ お札の印もさがしてみよう！

ただ、後ろの人を待たせてるかなって、気になることがあるんだ。

買い物は楽しい気分でしたいから、イライラしないでちゃんと待ちます！

シーン6

みんなのいえ

家の中にもおじゃましてみましょう。
ドアを開けるとき、テレビを見るとき、朝、

『光るチャイム』でお知らせ

玄関に宅配便の人が。でも、チャイムを鳴らしても、耳の聞こえない人・聞こえにくい人にはわからない？ いえ、だいじょうぶ！ ボタンをおすと光って知らせてくれるチャイムがある。

開けやすい『スライド式ドア』

車いすを使っている人の家は段差がなく、ドアは横に動くスライド式で、長い取っ手を低い位置につけている。

段差がないとそうじも楽だよ

車いすで、ドアをおしながら・引きながら入るのは、むずかしい！

『介助犬』が活躍！

車いすを使う人で腕の力が弱い場合は、スライド式ドアでも、開けられないことがある。**介助犬**（→P33）は、ドアの開閉、落とした物を拾う、歩行を助けるなど、手や足を使いにくい人のさまざまなサポートをする。

介助犬への指示は、英語を使うことが多い。

みんなのおじいちゃん、おばあちゃんの家はどうなってるかな？

Open.（開けて）

みんながくらす町

気づいていた？さわってわかるくふう

日用品や飲み物などの容器は、似た形のものが多いから、さわっただけで区別できるようにくふうされたものがあるわ。

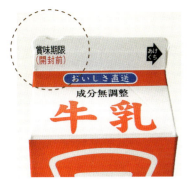

牛乳パックの切り欠き
牛乳パックの上部の、半円状のへこみは、「切り欠き」という。ここをさわれば、ジュースとまちがえないですむ。

点字で「おさけ」と表示
お酒とジュースをまちがえるとたいへんだから、ビールなどの缶の上の面には、点字で「おさけ」と表示されている。

浮き出た「W」のマーク

食品用ラップとアルミホイルも箱がそっくり。そこで食品用ラップの箱の側面には、浮き出た「W」のマークがある。

らしやすい家

おきるとき。いろんなくふうがあります。

おなじみのものが、こんなに便利！

最初はだれかのために開発して、使ってみたら、みんなにとって便利だった！というものはいろいろありそうだね。

温水洗浄便座
スイッチひとつで、おしりを洗ってくれる。もともとは、出産後のお母さんのために開発された医療機器。

ななめドラム式洗たく乾燥機
洗たく層（ドラム）をななめにすることで、高齢者や子ども、車いす使用者も使いやすくなった。

時刻を知る方法がいろいろあるよ！

目の見えない人・見えにくい人のための時計や、耳の聞こえない人を朝おこしてくれる聴導犬、ほかにもくふうがあるよ。

触覚や音声で時刻を確認

文字板が見やすい時計、長針と短針をさわって時刻を知る触読時計、声で時刻を知らせる音声時計などがある。

携帯電話の振動で起床

携帯電話を枕の下に入れて、バイブレーター機能を使えば、音が聞こえなくても振動で気づく。聞こえる人も利用できるアイデアだ。

『聴導犬』がおこしてくれる

目ざまし時計の音を、聴導犬（→P33）に教えてもらう人もいる。聴導犬は、携帯電話が鳴っていることや、赤ちゃんが泣いていることを知らせたり、音が鳴った場所までつれていくことも仕事。

アクション　クロックポジションで、位置を説明

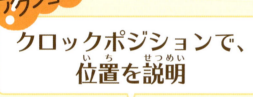

クロックポジションは、物がある位置を、時計の針の位置で知らせる方法。テーブルの上の食器の位置などを教えるときに便利です。目の見えない人や見えにくい人と食事をするとき、実践してみて。

テレビのいろいろな放送スタイル

テレビは、リモコンの『字幕』ボタンをおすと、字幕が出ますね。耳の聞こえない人や聞こえにくい人は、字幕でテレビを楽しむんですか？

オリンピックのときは、ずっと解説放送をしてました！　競技のことがよくわかるから、ぼく、聞いてたんです。

ええ、**字幕放送**というの。でも、字幕が出ない番組もあるし、コマーシャルは最近やっと、字幕つきのものが出てきたところよ。話題になるコマーシャルもあるから、もっとふえてほしいわ。

それから、**手話放送**も必要よ。

手話通訳をする人が画面に映る放送ですね。ニュースでときどき見ます。

ドラマを見ているときにリモコンの『副音声』ボタンをおしたら、登場人物の動きを説明する声が出てきました。

小さいころから手話で会話している人は、字幕より手話のほうがわかりやすいのよ。海外では、ほとんどの番組に手話が映る国もあるんだけどな。

それは**解説放送**といって、目の見えない人や見えにくい人に必要なんだ。でも、解説放送のある番組はほんの少しだ。

放送スタイルを選べることが大事ですね！

Q 聞こえない人は、電話はどうするの？

A メールやファックスは、あいての人が見てくれたか、すぐにはわからないので、電話で連絡したいことがあります。そんなとき、聞こえない人・聞こえにくい人が便利なのは、**電話リレーサービス**です。パソコンやテレビ電話でオペレーターに連絡すると、オペレーターは、手話の映像や、チャットの文字を見て、連絡したいあいてに電話してくれます。

ただし、日本の電話リレーサービスは、まだ国の制度ができていないため、現在24時間対応できる事業所はほとんどなく、また、119番や110番などの緊急通報には利用できません。海外では国の制度で、より充実したサービスが行われているので、日本でも充実させていきたいですね。

『電話リレーサービス』のしくみ

(本人)
(あいて)　(オペレーター)

病院やレストランの予約にも便利ね

聞こえない人は、オペレーターに電話して、手話の映像か、チャットの文字で、連絡したいあいてと、内容を伝える。

オペレーターが、あいての人に電話して会話をつないでくれる。

自己紹介します

人はひとりひとり、みんなちがっていてあたりまえ。だから、その人の好きなことや得意なこと、苦手なことを知りたいですね。それでは、私たちの自己紹介をします！

私はピアノをひくのが得意！
曲は全部、耳で聞いておぼえます。ふつうの楽譜は読めないの。なぜなら、目が見えないから。目が見えないことを**視覚障害**といいます。

私は本が大好き！　でも、めがねをかけてもよく見えないので、物を見るときは、顔をかなり近づけたり、ルーペを使います。私くらいの視力は**弱視**とか、**ロービジョン**といって、視覚障害のひとつ。でも、見えにくいことは、外見からはわかりづらいので、何かにぶつかったりしたとき、「そそっかしい子だな」と思われてしまうの。

視覚障害のなかで、まったく目が見えないか、ほとんど見えないことを**盲**といいます。

ぼくは絵を描くのが好き！
授業では、先生が黒板に大事なことを書いたとき、読めなくてこまったことがある。ぼくは、緑色の黒板に赤いチョークで書かれると、見えにくいんだ。
ある色の組みあわせがわかりにくいことを**色弱**といいます。クレヨンはラベルに色の名前が書かれていれば、まちがえないよ。

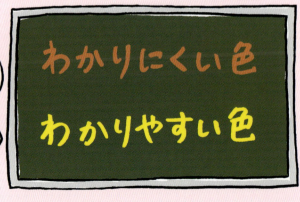

ぼくは太鼓をたたくのが好き。今、ぼくが何をしているかわかる？ **手話**（→P92）といって、手の形と動きを中心に、表情や体を使って話す言葉なんだ。なぜ手話で話すのかというと、ぼくは耳が聞こえないから。耳が聞こえないことを**聴覚障害**というよ。

私の大切なパートナーはこの子！ **聴導犬**といって、耳の聞こえない人・聞こえにくい人をサポートするという仕事があるのよ。
外ではこの子に「聴導犬」と書かれたベストを着せるけれど、ときどきペットとまちがえられて、お店に入れてもらえないことがあるの。

ぼくはおしゃべりが好き。耳が聞こえにくいけれど、口の形や表情が見えれば、あいての話していることがわかりやすくなります。これは**読話**というコミュニケーション手段のひとつなんだ。でも、聞きとりにくい声の人だと、むずかしいことがある。それから、乗り物や公共の場所で音声アナウンスしかないと、不便なんだ。

聞こえないことを**ろう**、聞こえにくいことを**難聴**といいます。

ワタシタチも自己紹介！

盲導犬・聴導犬・介助犬のことを**補助犬**というよ！（→P104）

盲導犬

目の見えない、または見えにくいパートナーが安全に歩けるように、パートナーと協力する。曲がり角・段差・障害物の前で止まって、パートナーの指示を待つんだ。

聴導犬

耳の聞こえない、または聞こえにくいパートナーに、玄関チャイムや赤ちゃんの泣き声など、大事な音や声を知らせたり、音源まで誘導する。外では車のクラクションも教えるよ。

介助犬

手や足を自由に動かせないパートナーのかわりに、ドアを開閉したり、指示された物を持ってきたりするよ。緊急時に助けを呼びに行ったり、緊急ボタンをおすこともある。

※全国の補助犬頭数は、盲導犬796頭・聴導犬59頭・介助犬53頭（厚生労働省 社会・援護局障害保健福祉部 2024年4月1日資料より）

私はおいしいものを食べるのが大好き！いろいろなお店に行ってみたいのだけど、車いすで入りやすいお店って、じつは少ないのよ。

私はスポーツが得意！生まれつき左腕が短いので、ときどき知らない人からジロジロ見られて、いやな気もちになることがあるの。でも、学校の友だちはわかっているから、だれもジロジロ見たりしないわ。

ぼくは学校で「昆虫博士」って呼ばれています。自然の中で虫を観察するのが好き。病気で下半身にまひがあるから、杖を使って歩きます。自然公園によく行くけれど、ガタガタしている所があって、歩きにくいんだ。

手足のこと、または手足と体のことを肢体といい、手足や体を思いどおりに動かすのがむずかしい状態を**肢体不自由**といいます。

私は洋服のデザイナーです。おしゃれと旅行が大好き！肺に障害があるので、家の中では酸素濃縮装置、外では携帯用酸素ボンベを使っているの。速く歩くと疲れるから、ゆっくり歩きます。鼻の下にチューブをつけていることが気になったり、旅行のときに、ホテルの宿泊や飛行機の搭乗などで、酸素ボンベの手続きがたいへんなのが悩みのタネです。

ぼくは家電製品を開発する仕事をしています。こう見えてアイデアマン！そして外見からはわからないけれど、**オストメイト**といって、おなかに人工肛門をつけています。トイレは、オストメイト対応のトイレ（→P108）じゃないとダメなんだけど、ときどき必要ない人が長時間、使うことがあって、こまるんだ。

心臓機能、じん臓機能、呼吸器機能、膀胱機能、直腸機能、小腸機能、ヒト免疫不全ウイルスによる免疫機能、肝臓機能の障害を**内部障害**といいます。

34 自己紹介します

ぼくは友だちといっしょに遊ぶのが好きです。だけど、みんなが列にならんでいるとき、早く前に行きたくて、友だちをつきとばしちゃったりする。考える前に体が動いちゃうんだ。
でも、「ならんで」っていわれれば、「そうか！」って気づけるよ。

私はマンガが好き。このまえ友だちに、私が好きなマンガの話をしていたら、急にその子が「自分ばっかり話してる！」と怒りだしたの。
そのときは何で怒られたのかわからなかったけど、あとで、「聞いているだけで、しゃべらせてもらえないから、つまらなかった」って説明してくれました。

ぼくは、理科と社会が好きです。でも、文字を読むことは苦手。先生が話してくれるとよくわかるんだけど、自分で本を読むのは、ものすごく時間がかかるんだ。でも、パソコンで音声を聞いたり、文字の色を変えたら、わかりやすくなったよ！

私は絵やお習字が大好き。ふだんは特別支援学級で授業を受けているけれど、「交流の時間」では、通常の学級の友だちといっしょの授業です。
このあいだ、図工の時間に友だちから「じょうずだね」ってほめられました！

発達障害・知的障害などについては、P70〜77を見てください。

高齢者・妊娠中の人・子育て中の人などは、障害のある人と同じようなバリアを感じていることがあります。

友だちになるとわかるよ♪

いろいろな人の自己紹介を見ましたが、その人のことをもっと知りたくなったら、話をしたり、いっしょに好きなことをしてみましょう。気が合って、大の仲よしになるかもしれません！

第2章
乗り物で出かけよう

会社や学校に通う人、買い物や遊びに行く人……いろいろな人が利用する電車は、みんなが使いやすい乗り物でなくてはなりません。どうすれば、みんなが使いやすくなるでしょうか？ バスやタクシー、飛行機にも注目してみます。

 # 駅に着いたら、

シーン1

きっぷを買って、改札へ

シーン 1

5000円チャージしよう

みんなが買いやすい券売機って？

　駅の券売機と、そのまわりを観察してみましょう。行き方や料金を調べる路線図は、たいてい高い位置にあります。券売機の下のあいているスペースは、車いす使用者がそこに足を入れて、券売機に体を近づけられるようにするため。券売機のタッチパネルがななめになっていて、現金投入口が低い位置にあるのは、子どもや車いす使用者などが見やすく、手がとどきやすくするためのくふうです。

　よく見ると、タッチパネルの近くには、**テンキー**と呼ばれる数字のキー（ボタン）があります。タッチパネルを使ってきっぷを買ったり、ICカードをチャージするときは、何種類かの金額が表示されるので、選べばいいですね。でも、表示が見えない場合は、テンキーの出番です。テンキーには数字が決まった順でならんでいるので、キーをおして金額を入力できます。

券売機のテンキー

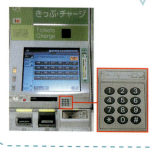

タッチパネル式の券売機につけられたテンキー。「＊」のキーをおすと、音声ガイダンスが流れる。

乗り物で出かけよう

くふう

ベビーカーもそのままどうぞ、スイスイ通れる改札口

改札口や窓口にも、くふうがあります。タッチするだけで改札を通れるICカードは、動作が楽になり、路線図や料金表で運賃を調べることや、きっぷを買うのに苦労する人にも、とても便利なものです。

また、横幅が広い改札口は、ベビーカーや車いすの使用者、スーツケースなど大きな荷物を持っている人が通りやすくなっています。

何かこまったときに相談する窓口には、会話を助けてくれる**コミュニケーション支援ボード**（→P25）や、**筆談器**（→P111）が用意されていることもあります。

声をかけよう！イライラしないで待とう！

路線図で目的の駅を見つけるのは、なかなかたいへん。もしも、こまっている様子の人がいたら、「お手伝いしますか？」と声をかけてみましょう。でも、小さな子が、自分できっぷを買いたくて、一生懸命、路線図を見ている……なんてことも。そんなときはイライラしないで、ゆっくり待ちましょう。

くふう

アルファベットと数字で路線・駅名がわかる！

なれない土地では、駅名を読みとったり、車内アナウンスを聞きとるのがむずかしいことも。外国人が多く訪れる路線などでは、**駅ナンバリング**を導入しました。路線名と駅名を、アルファベットと数字をくみあわせて表示したり、車内アナウンスで使っています。

山手線・東京駅のナンバリング

多くの路線が乗り入れる駅は、駅名を3文字のアルファベットでも表示
山手線の記号
東京駅の番号

車内アナウンスでは、つぎのように流れます。
日本語：「つぎは東京です」
英　語：「Next station is Tokyo, JY1.（ネクスト・ステーション・イズ・トーキョー、ジェイ・ワイ・ワン）」

ホームまでは、何で行く？

シーン2

エレベーターって大事！

駅の改札口からホームまでは、階段やエスカレーターを使うことがあります。エレベーターがある駅もふえましたが、これはとても重要なこと。駅にエレベーターがなかったとき、車いす使用者は、駅員さんにかついでもらわなければ、ホームまで行けなかったのです。

エレベーターは、だれにとっても便利なものですが、混んでいるときは、優先順位を考えてください。とくに、車いすマークがついたエレベーターは、車いす使用者や体に障害のある人が優先です。またベビーカーを使う人や、高齢者にゆずることもマナーです。ところで、もしマークがついていないエレベーターが混んでいたら、あなたはどうしますか？

ガラス張りのエレベーター

耳の聞こえない人にとって、ガラス張りで中が見えるエレベーターは、災害などで止まったとき、状況がわかるし、手話や筆談で外の人と連絡を取りやすい。ただし、壁がすべて透明だとぶつかってしまう可能性があるため、写真の例のように、模様つきのフィルムをはるなどのくふうが必要。

乗り物で出かけよう

Q あなただったら、エレベーターをおりる？

もしも、エレベーターに乗りこんだあとに、車いすの人が来たらどうする？

私は階段でも行けるけど、車いすではエレベーターに乗らないとホームまで行けないから、おりてゆずるわ。

ぼくの経験だと、外国の人たちは、車いすに気づくと、すぐに数人がおりてくれるけど、日本ではほとんどだれもおりてくれない。

どうしてだろう……

とっさに行動ができないのかしら。それとも、つぎのエレベーターを待てばいいと思うのかな。

車いす使用者の間でも、意見はいろいろあって、みんなといっしょに待てばいいと考えている人もいるんだ。エレベーターに乗っている人のなかには、見ためではわからない体の負担をかかえた人がいるかもしれないしね。

じゃあ、自分は階段で行けると思った人は、ゆずったらいいよ。

外国では、エレベーターがもっと広いことが多いから、日本のエレベーターも広くなるといいけどな。

いろんな意見がありますね。みなさんは、どう思いますか？

アクション 階段の手すりが必要な人に気づいて！

高齢者や、体の支えが必要な人は、階段に手すりがあると、安心して階段を上り下りできます。また、手すりの端には、行き先案内の点字がついているものもあり、目の見えない人・見えにくい人に情報を伝えています。階段で手すりを必要としている人を見つけたら、手すり側をゆずりましょう。

2段の手すりは身長にあわせて使える

アクション エスカレーターは左右両側を使おう！

エスカレーターに1列で乗り、あいた側を歩く人がいるのを見かけますが、エスカレーターを歩くのは危険！ とくに、子どもと手をつないだ人などを追いぬかないでください。また、片方の手しか使えないなど、みんながつかまっているのと反対側の手すりが必要な人がいることを知っておきましょう。

ホームを安心して利用したい

シーン3

ホームドアがあって安心♪

転落事故を防ごう！

ホームの端にある、黄色い**点字ブロック**は、目の見えない人・見えにくい人に、ホームの方向や乗車位置などを知らせています。また、「黄色い線までさがってください」というアナウンスをよく聞きますね。黄色い点字ブロックは、目の見える人にも、電車からじゅうぶん離れるための印になっています。

けれども、ホームからの転落や、電車との接触事故を防ぐには、柵や**ホームドア**があることが、いちばん安全。ホームドアは、電車が停車するまで開かないしくみです。ベビーカーに赤ちゃんを乗せた人も安心です。

→点字ブロックについてはP20

内方線つき点状ブロック

目の見えない人・見えにくい人は、点字ブロックのどちら側に線路があるのか、わからなくなることがある。そこで、ホームの内側＝安全な側がわかりやすい**内方線つき点状ブロック**（ホーム縁端警告ブロック）が登場。多くの駅で使われはじめている。

一般的な点状ブロック
（警告ブロック）

↑線路側
↓ホーム側

内方線つき点状ブロック

きもち

手すりのない橋をわたっているようなこわさ

柵のないホームを歩くのは、欄干（手すり）のない橋を歩くような気もちです。ホームドアがあれば安心ですが、こわいのは、ホームの片側にしかホームドアがついていない場合！　それからときどき、工事中でホームドアが開いたままになっていることがあって、それはほんとうに危険なんです。

〈目が見えないエイコさん〉

NGアクション

点字ブロックの上に荷物を置いてはダメ！

電車を待つとき、点字ブロックの上に荷物を置いていませんか？　点字ブロックをたどって歩いている目の見えない人が、その荷物につまずくかもしれません。また、点字ブロックの上に立つのも、人とぶつかる危険があります。転落事故を防ぐため、点字ブロックの上に「立たない」「荷物を置かない」を守ってください。

アクション

だれに言っているかわかるようにさけんで！

目の見えない人・見えにくい人は、なれている駅でも、ホームの内側と外側がわからなくなることがあります。危ないと思ったら、すぐに「白杖の人、止まれ！」などとさけんで！　だれに言っているのかがはっきりとわかる言い方をすることが重要です。

声かけが大切！

私は、よく利用している駅でも、方向がわからなくなることがあるのよ。こまった様子のときは、声をかけてもらうと助かるわ。

じゃあ、ふつうに歩いたり、立ちどまっているときは、どうすればいいですか？

そんなときは、見守っていてね。線路の方向に歩いていってしまったときなどは、必ず声をかけて。

わかりました。危ないときや、こまっているときは、必ず声をかけます！

※ 平成28年に毎日新聞・日本盲人会連合が行ったアンケートで、視覚障害のある人のうち31.5パーセントが、「ホームから転落した経験がある」と回答しています。

自由に、乗りおりしたいね

シーン4

段差&すき間バイバイ作戦

電車に乗るとき、ホームと電車の間に大きな段差や広いすき間がある駅では、みんな足もとに気をつけますね。とくに、小さな子どもや高齢者などは、またぐときにこわい思いをします。ベビーカーや、松葉杖を使う人もひと苦労。車いす使用者は、駅員さんに**スロープ板**をわたしてもらって電車に乗ります。

新しい駅などは、ホームと電車の間に、すき間や段差ができないようにつくられています。また、すき間をなくせない所では、**可動ステップ**を設置する駅もふえました。可動ステップは、電車が到着すると自動的に出てくるので、車いす使用者も自由に乗りおりできます。

可動ステップ

電車が到着すると、ホームドアの下から出てきて、ホームと電車のすき間をなくす可動ステップ。そのあとでホームドアが開くので、安全に乗車できる。ほかに、電車から自動的にスロープが出るタイプもある。

ホームドアの下から出てきた可動ステップ

段差やすき間があると、乗りたい電車に乗れない！

電車とホームのすき間が広いと、ぼくもドキドキする。

私もよ。車いすの場合は、段差やすき間があるときはスロープ板を使うんですね。駅員さんにスロープ板を使って乗せてもらうことが多いですか？

どういうことですか？

そうだよ。おりる駅でもスロープ板が必要なら、乗る前に、その駅の駅員さんに連絡をしてもらわなければならないんだ。それを待つ間に、電車を3本ぐらい見送ることもある。

たとえば、"電車からきれいな桜並木が見えたから、途中下車して見に行こう"なんてことはできない。その駅にはスロープ板を用意して待っていてくれる駅員さんはいないし、段差やすき間があるかもしれないからね。

エッー。時間がかかりますね。

それに、途中下車ができないことも残念なんだ……。

段差やすき間があると、自分の好きなように乗りおりができないなんて、気づかなかった……。ほかにも気づいていないことがありそうだから、ちゃんと知りたいわ。

ホームへも自由に行けなかったとき

　ぼくは19歳から車いすの生活になり、駅の階段を上り下りするとき、駅員さんにかついでもらっていました。ぼくは自分のことを、「だれかに世話してもらわないと移動ができない、弱い人間」だと思わざるをえませんでした。

　しばらくすると、車いすごと乗って階段を移動できる昇降機ができ、駅員さんに大きな負担をかけなくてもよくなりました。でも、階段昇降機は目立ちすぎて、ジロジロ見られました。

　荷物運搬用のエレベーターを使うこともありましたが、みんなとちがうルートを通るので、たとえば、売店に立ち寄ることはできないし、"特別あつかい"されている感じもいやでした。

　今は、多くの駅にエレベーターが設置されています。ぼくもようやく、自分ひとりで自由に移動できるようになりました。

　エレベーターのことで、ひとつ伝えたいこともあります。エレベーターをおりるとき、中で「開」ボタンをおして待っていてくれる人がいます。でも、車いすの向きを変えたいときは、その人の足をひいてしまいそうでこわい！　だから、先におりてくれていいんですよ。外に出て、エレベーターがこれから上がっていくときは上向き矢印、下がっていくときは下向き矢印のボタンをおすと、扉は閉まりません。

〈お話してくれた人：川内美彦さん〉

電車の中では、

席の優先マナーって？

シーン 1

優先席が必要な人がいる

優先席の近くには、必ずマークがあります。マークは、子どもを抱いた人、妊婦さん、高齢者、松葉杖の人、内部障害のある人などが体に負担がかからないよう、優先的に座れることを示しています。

内部障害とは、心臓や呼吸機能など、体の内部に障害があること。見た目ではわからないため、「なぜ優先席に座っているの？」と誤解されることがあります。おなかのふくらみが小さな妊婦さんにも、同じ経験をする人がいるようです。マークの意味を知っておくことも大事ですね。

→内部障害についてはP34

マタニティマーク

おなかに赤ちゃんがいる、妊婦さんの印。電車では席をゆずって。

ハート・プラスマーク／ヘルプマーク

ハート・プラスマーク　ヘルプマーク

ハート・プラスマークは内部障害がある人を表す。ヘルプマークは、内部障害や義足など、外見ではわからないが、配慮が必要な人が身につけて、それを知らせることができる。

→マークについてはP87〜89

乗り物で出かけよう

アクション
断られてもへっちゃら！ 席をゆずろう

「一般席だったら、席をゆずらなくていい」なんていうことはありませんよね。高齢者や妊婦さん、杖を持った人、ギプスをつけた人など、席を必要としている人がいたら、どんどん席をゆずりましょう。

声をかけたときに、「いいです」「だいじょうぶです」と断られることも。そんなときは、「断られちゃった」とがっかりしないで、「だいじょうぶなんだ、よかった」と、また座ればいいのです。

アクション
目の見えない人に空席を知らせよう！

目の見えない人は、席があいていてもわかりません。まずは「あの」「すみません」など、ひと声かけて、「席があいています。手引きしますか？」などと聞きましょう。空席がないときは、手すりの場所を伝えましょう。

→手引き（ガイドヘルプ）についてはP95

NGアクション
下を向いたままはダメ、周囲に気づいて！

目の前に松葉杖をついている人がいるのに、あなたはゲームやスマートフォン、読書に夢中で、下を向いたまま……なんてことはないですか？ ときどき周囲を見て、あなたより席を必要な人がいたら、ゆずれるといいですね。

優先スペースの ルールを守ろう！

シーン 2

車いす、ベビーカーが乗りやすくなるスペース

電車の中に、座席のない広い空間があったら、まわりの壁や床を見てみましょう。車いすのマークがあれば、そこは、車いす使用者が優先的に使える**車いすスペース**です。最近は、ベビーカーに子どもを乗せた人も優先的に使える、**共有スペース**も多くなりました。

「このスペースには優先的に乗れる人がいる」ことをみんなが知ってルールを守らないと、混む時間帯などは、車いすやベビーカーを使用する人が、なかなか電車に乗れません。混んでいないときも、おしゃべりに夢中で、必要な人がいることに気づかなかった……なんてことがないように注意しましょう。

新幹線の車いすスペース

新幹線や、一部の特急列車には、一般の座席の横に、車いすを固定できる席が設けられている。また、新幹線は1列車に1～2室、障害のある人と介助者が利用できる多目的室もあり、あいているときは、赤ちゃんの授乳などにも利用可能。

東海道新幹線の車いす対応席。3列シートの1席分をあけたスペースに車いすを固定できる。

アクション

小さい子たちに、車いすをちゃんと説明

　小さい子が車いすに興味をもったら、「あれはね…」と教えてあげましょう。おとなのなかには、「見ちゃダメ」なんて言う人もいるけれど、それはとても失礼なことです。

　ジロジロ見たり、指をさしたりするのはマナー違反ですが、小さな子が「なんだろう？」と思うのは、しぜんなこと。きちんと説明できるといいですね。

きもち

まわりの人しだいで、気もちよく乗れるかも？

　ぼくは仕事の都合で、混雑した電車に乗ることが多いのですが、乗るときはいつも、ちょっと勇気が必要です。まわりの人が、迷惑そうな顔をするから……。もう少し気もちよく乗れるようになるといいなと思います。
〈車いすを使用しているヒロシさん〉

　私は子どもを保育園に送りむかえするとき、電車に乗りますが、ときどき子どもが大きな声で泣きだすことも。そんなとき、「うるさい」なんて顔をしないで、あたたかく見守ってもらえるとうれしいです。
〈2歳の子どもを育てているエミコさん〉

くふう

つり革や手すりもわかりやすく、使いやすく！

　優先席の前のつり革や手すりや、床面が、目立つ色の電車を知っていますか？　これは、優先席のある場所が、遠くからでもわかるようにしたくふう。また、つり革はいろいろな身長の人が使いやすいよう、位置が高いものと低いものを混ぜている車両もあります。でも、低いつり革に頭をぶつける人もいるので、低いつり革のかわりに手すりをふやした車両などもあります。

アナウンスだけでなく車内表示が必要

シーン3

聞こえない人、外国人、聞きのがした人もOK！

　電車のドアの上など見やすい所に、車内表示があると安心ですね。行き先やつぎの停車駅、路線図、乗換案内、どちらのドアが開くのかといった情報を、目で見て知ることができます。耳の聞こえない・聞こえにくい人にとっては、とくに大切な設備。また、駅名を聞きとりにくい外国人のために、英語などがあわせて表示されることも多くなりました。

ドアの上部に、開く直前・閉まる直前に点滅して、開閉のタイミングを光で知らせる**開閉予告灯**がついている車両もある。

大切な情報が伝わらないことも！

この前、電車に乗っていたら、ふみきり事故があって、10分くらい止まっていたんだ。

そんなとき、車内モニターや電光掲示板でも、すぐに情報が出るといいけれど、アナウンスだけだったら、耳の聞こえない人にはわからないわね。

そうか。じゃあ、大事な車内アナウンスがあったとき、もしも車内表示がなかったら、右ページの方法で知らせればいいね。

アクション

電車が事故？ とまどっている人に情報を伝えよう

電車が止まって動かないとき、車内表示の装置がなかったり、あっても情報が流れなければ、車内アナウンスが聞こえない人や、日本語がわからない外国人はこまります。いつ動くのか、乗り換えたほうがいいのか、状況がわからず、つぎの行動を決められません。手話や、このページで紹介する方法で状況を伝えてみて！

●口の動きと表情で

口をはっきり動かして、表情やジェスチャーをつけて話すと、聞こえない人・聞こえにくい人にもいろいろなことを伝えられる。はじめに目と目を合わせて、口元を見せよう。

●筆談で伝えよう

筆記用具があれば、文字を書いて伝えられるね。あいての質問も書いてもらえる。紙がなければ、手のひらに書いてもいい。

●スマホの文字を見せる！

スマートフォンがあれば、文字を入力して見せよう。話した言葉を文字に変換するアプリもあるので、試してみて！

●外国人と翻訳アプリで！

外国人がスマートフォンなどの翻訳アプリを持っていたら、アプリに話しかけて。その人の国の言葉に変換されるよ。

落ち着かない人も乗りやすくしよう

シーン4

それぞれの理由がある！

電車の中で、大きな声でひとり言を言ったり、体をガタガタ揺らしたりして落ち着きがない人に会ったことはありますか？　もしかすると、人との関わりが苦手な人かもしれません。「変な人……」「気持ちが悪い……」なんて思う人もいるでしょう。でもじつは、本人もこまっている場合もあります。

「大きなひとり言が迷惑だとわかっていても、見たものや、思いだしたことが、とっさに言葉に出てしまう。止めようとすると苦しい」「動いていた方が落ち着く」と語る人もいます。そんなふうに、理由がある人もいるのです。

アクション

ジロジロ見ない視線のマナーを心得て

大きな声でひとり言を言っている人などに出会っても、ジロジロ見ないで、いつもどおりにしていましょう。特別な視線を向けられたら、いやな気もちになります。あなたも反対の立場だったら、そう感じるでしょう？

いろいろな人がいるけれど、見守って

まわりから見たら「ちょっと変だな」と思う行動も、その人は、不安や興奮をまぎらわせるためにやっていることもあります。見守ったり、必要なときはやさしく声をかけましょう。また、どうしても気になるときは、そっとその場を離れてもいいでしょう。

人それぞれの理由があるんだね

ぼくの席だよ！

いつも同じ席に座るというようなことに、強いこだわりをもつ人もいます。環境や行動パターンが変わると不安になるのです。できれば、ゆずってあげましょう。

めがね！

たとえば、めがねが気になってしまう人がいます。もし、めがねを取られそうになったら「めがね、返してね」と、やさしく、ゆっくり、くり返してみて。

「だいじょうぶですよ」のひと言で、安心

私の息子も人との関わりが苦手なので、いっしょに電車に乗るときはとても気をつかいます。

たとえば、どんなことですか？

なぜか赤ちゃんの泣き声が苦手で、赤ちゃんが泣いていると、大きな声を出すこともあります。でも、そんなとき「こまったな…」と思っていたら、近くの人が「だいじょうぶですよ」と言ってくれたことがあって。気もちがスーッと楽になりました。

ほんのひと言で、つきそっている人の気もちが楽になるんですね。

お話してくれた人：佐々木桃子さん

車いすのまま乗れるタクシーが町を走る！

イギリスのロンドンを走るすべてのタクシーは、車いすのまま乗車できる。日本でも、同じような**ユニバーサルデザインタクシー**がどんどん増加中！　中は広く、大荷物の人や、ベビーカー利用者にも便利だ。

みんなの使い勝手がいいユニバーサルデザインタクシー。運賃は一般のタクシーと同じ。

東京は鉄道が複雑だから、タクシーが楽なんだ

なるほど

外国人も支払いがかんたんなタクシー専用アプリ

タクシーを呼べる専用アプリは、事前に料金の目安がわかるので安心。クレジットカードで支払えるから、外国人や、目の見えない人・見えにくい人は、精算がスムーズでとっても便利。

乗り物は、

電車以外の乗り物も気になりますね。

使いやすくなったバス リフトつきバスにも期待！

床が低く、乗降口に階段がない**ノンステップバス**がふえてきた。停車時に車体を歩道側にかたむけて、地面との高低差をより少なくすることもできる。また、運転手が操作してスロープ板を出し、車いすでも乗りこみやすいようにできるタイプもある。

また、車内には、車いすを固定できる車いすスペースや、ベビーカーを固定できる席がある。大切なのは、固定するのに時間がかかっても、「ゆっくりどうぞ」という気もちで待つこと！

空港と都心の間を運行するリムジンバスは、バリアフリー化が遅れていたが、車いすのまま乗れる**リフトつきバス**が運行を開始。もっと台数がふえるように期待が寄せられている。

車いすとベビーカーのマークに注目しよう。

座席を折りたたみ、ここに車いすやベビーカーを固定する。座席の裏のバッグに固定器具が入っている。

リムジンバスは床面が高いので、リフトを使って、車いすに乗ったまま乗車する。

自分で運転して、行きたい場所へGO！

　一般的な自動車は、手でハンドルや方向指示器、足でアクセルやブレーキなどを操作するが、手だけ、足だけで運転できる車や、その人に合わせて改造した車がある。体の一部に、動かせない・動かしにくいところや、力が弱いところなどがあっても、ひとりで運転できるから、好きな時間に好きな場所へ行ける。

左の手をのせているコントロールグリップを手前に引くとアクセル、前にたおすとブレーキになり、足を使わずに運転できる。

レトロじゃないよ、進化する路面電車

　道路を走る路面電車が、市民の足として活躍している都市もある。最近は、床面が低い、超低床路面電車がふえてきた！　地面との高低差が少ないので、車いすやベビーカーを使う人、高齢者も利用しやすい。乗降口も広く、停留所にはスロープが設けられている。

車より排ガスが少なく、バスより多くの人を運べる路面電車は今、見直されているんだ！

みんなのもの

さっそく、見てみましょう。

乗り物は進化しているけど、まだ課題もある！

ユニバーサルデザインタクシーは、台数がふえるといいわね。

東京の都営バスは、すべてノンステップバスなんだよ。でも、停留所にきちんと平行にとめてもらえないと、車いすで乗りこむことができないんだ。

バスは、車内アナウンスが聞きとれないこともあるから、停留所の名前ははっきりアナウンスして、車内表示は、後ろの席から見える位置にもあるといいと思うわ。

大型客船は、乗りおりするときはスロープで、床もすべりにくくなっていたり、いろいろなくふうがあるらしいよ。小さな船はどうだろう？

新幹線の車いす用座席は、数日前までに予約しないといけないの。ほかにも、飛行機に酸素ボンベなどの医療機器を持ちこむときは手続きがたいへん。どうしたらもっと気軽に乗れるようになるかな！

教えて！空港のこと

便利な場所だけど、声をかけてもらえると安心！

　空港には段差がほとんどなく、エスカレーターやエレベーターがきちんと設置されています。みんなが大きなスーツケースを転がして運ぶ場所だからですね。ぼくは目が見えませんが、その点で、歩きやすいなと感じます。

　でも、広い空間なので、白杖を使ってひとりで歩いている人を見かけたら、ひと声かけてくれる人がいると安心です。また、受付で列にならんでいるときなども、「何かお手伝いできることはありませんか？」と声をかけてみてください。混んでいるときは、何となくみんな、余裕がなくなりますが、そんなときこそ、まわりの人どうし、おたがいを思いやれるといいですね。

お話してくれた人：河合純一さん

使う人の意見を聞いて、選択肢があることがポイント

　ぼくの仕事は、ユニバーサルデザインの研究です。羽田空港国際線旅客ターミナルのユニバーサルデザインにもたずさわりましたが、このときは、目の見えない人、耳の聞こえない人、車いす使用者、高齢者などが集まり、約2年半かけて38回の話しあいをしました。それぞれの人にとって、何が使いやすくて何が使いにくいのか、実際に聞かなければわからないからです。

　すべての人が使いやすいデザインにするには、選択肢があることも重要です。空港など広い空間では、エレベーター・エスカレーター・階段を横ならびに設置できます。すると、1カ所に3つの選択肢があるので、車いすを使っているぼくはエレベーターを選び、エスカレーターや階段を使う人も同じように移動しやすい、というわけです。

お話してくれた人：川内美彦さん

大切なのは、音声情報が目で見てわかり、コミュニケーションがとれること

　私は耳が聞こえない当事者として、羽田空港国際線旅客ターミナルのユニバールデザインにたずさわりました。空港などの公共施設でいちばんこまるのは、音声案内が聞こえないことと、コミュニケーションがとりにくいこと。とくにこまるのは非常時です。そこで、閉じこめられても外とコミュニケーションできる、一部が透明なエレベーターや、非常ベルと連動して、光の点滅で危険を知らせるライトなどを設置しました。手話や筆談で案内できるスタッフがふえているのも、とても助かります。

　空港以外でも、重要な音声案内は文字で表示する場所がふえましたが、うるさいときや、聞きのがした人にとっても便利ですね。

お話してくれた人：松森果林さん

トイレの個室に、非常ベルと連動して光るフラッシュライトがつけられている。

第3章
学校を見てみよう

学校には、いろいろな子がいます。あなたの近くには、目が見えにくい子や、耳が聞こえにくい子、集中するのが苦手な子はいませんか？みんなが勉強したり、遊んだりしやすいのはどんな学校か、見てみましょう。

いろいろな友だち

シーン2

シーン3

シーン5

シーン1

おはよう

がいる学校へ！

どんな子がいるかな？

シーン 1

自分に合った学校を選べる！

上の絵には、車いすに乗った子、手話で話している子、めがねをかけた子など、いろいろな子がいます。地域の学校には、さまざまな特徴の子が通っています。障害のある子もない子も、**通常の学級**でいっしょに学ぶことができます。でも、**特別支援学級**や、**特別支援学校**のほうが学びやすい子もいます。また、通常の学級で学びながら、**通級指導教室**にも通うという学び方もあります。

法律が改正されて、自分に合った学級や学校を選びやすくなりました。選択できることって、大切ですね。

→それぞれの学級・学校についてはP81

新入生のための設備はOK？

校長先生、新入生のなかに車いすを使っている子がいますね。

うん、専門家とも話しあって入学を決めたんだよ。2年後にはエレベーターをつける予定だ。

あの、正面玄関にはスロープがあるけれど、校庭へ出る裏口にはないですよね……

よく気づいたね！ もうすぐ、簡易スロープをつけるよ。でも、もしもその子が移動にこまっていたら、手伝ってあげてください。

はい、もちろんです！

学校を見てみよう

くふう

くつ箱の位置をわかりやすくするくふう！

くつ箱の位置は、名前のあいうえお順にすることがあります。でもそれだと、目の見えない子・見えにくい子は、自分のくつ箱さがしに苦労することも。その子のくつ箱をいちばん端にして点字のシールをはったり、目立つ色のシールをはるなど、くふうしましょう。

アクション

かんたんな手話でコミュニケーション！

絵の左の男の子は、耳が聞こえにくくて、手話（→P92）を習っています。右の男の子はその子の友だちで、おたがいの言いたいことが早く伝わるように、「あいさつ」などの手話を教えてもらっています。あなたも、かんたんな手話をおぼえてみましょう！

Q ヘッドホンをしているのは、なぜ？

A 生まれもった脳の特性によって、見る・聞く・かぐ・ふれるなどの感覚が、とても敏感な人がいます。

たとえば学校なら、たくさんの掲示物で目がつかれる、蛍光灯がピカピカ光って見えてつらい、教科書をめくる音がうるさい、黒板にチョークで書く音がいや、給食のにおいがいや、通学帽や体育帽のゴムが痛い、というぐあいです。

見る感覚がとても敏感な、視覚過敏の人は、サングラスをかけて目から入る刺激をやわらげることがあります。右の絵の**ヘッドホン**をしている女の子は、聞く感覚がとても敏感な聴覚過敏です。このヘッドホンは、じゃまな音を弱めて、人の声はちゃんと聞こえるようにつくられています。イヤホンでも同じ機能のものがあります。また、**イヤーマフ**（耳当て）をつけて音をやわらげる子もいます。

サングラスをかけたり、ヘッドホンやイヤホンをつけている子を見ても、「かっこつけてる」「人の話を聞かないで音楽を聞いてる」なんて決めつけないようにしましょう。

目が見えにくい友だちのことを知ろう！

シーン2

見えにくさは人それぞれ

このクラスには、目が見えにくい女の子がいます。顔をビーカーにぐっと近づけているのは、この距離でなければ見えないからです。クラスの友だちはそれを知っているので、必要なときはいつも、女の子がいちばん近くで見られるようにしています。

目の見えにくさには、いろいろなタイプがあります。視力が弱い、視野（見える範囲）の一部が欠ける、暗い所では見えにくい、明るい所ではまぶしくて見えにくい……などです。その子のことをちゃんと知れば、その子が見やすい場所を選んだり、見やすい色を使ったり、いろいろなくふうができそうです。

見やすくする道具

ルーペ／単眼鏡

ルーペ（左）は、教科書など近くの物を見るときに、単眼鏡（右）は、黒板など遠くの物を見るときに使う。

拡大読書器

台の上に置いた本の文字を、モニターに映して自由に拡大できる。

タブレット

タブレットやパソコンを使えば、自分で文字や図を大きくして見られる。

きもち

無視じゃなくて、人の顔がわからないの

私は人の顔がぼんやりとしか見えないので、ろうかで人とすれちがっても、だれなのかわかりません。「無視された」と誤解されたりするけれど、顔が見えないだけ。話しかけるときは、「ヒロミちゃん、ケンだよ」のように名前を言ってもらえると助かります。それから、表情がわからないから、できるだけ気もちを言葉で伝えてくれるとうれしいです。

〈目が見えにくいヒロミさん〉

何でさっきムシしたの？

アクション

なんでも話せる親友にファッションアドバイス

目の見えない人・見えにくい人や、色のちがいがわかりにくい人は、洋服のアドバイスがほしいこともあります。仲のいい友だちだったら、「今日のスカートには、白いTシャツが合いそう」などと、アドバイスをしてもいいですね。また、給食着が汚れているときなどは、そっと教えましょう。

このスカートに合うのは…

アクション

家庭科の調理実習も、いっしょにチャレンジ！

調理実習は火や包丁を使うので、注意が必要です。だからといって、目の見えない子・見えにくい子は「洗いもの係」と決めつけるのはやめましょう。目が見えなくても料理が得意な人はたくさんいます。

けがをしないためには、道具や使い方をくふうすることが大切です。皮をむくときなどは、ピーラーを利用できます。まな板は、食材によっては、濃い色のものを使うと見やすくなります。包丁は、置くときの向きや、さわる方向に気をつければ安全に使えます。食材を押さえている手をずらしていく感覚をおぼえれば、目が見えなくても、せん切りだってできるのです。

給食当番も、目の見えない子・見えにくい子は「パンをくばる係」しかできないなんてことはありません。おかずやスープをじょうずによそうにはどうしたらいいか、みんなも考えてみましょう！　いっしょにステップアップできたら楽しいですね。

私もやりたい！

じゃあ、先生に聞いてみよう

耳が聞こえにくい友だちのことを知ろう！

シーン3

話し方をくふうしよう

耳が聞こえにくい女の子がいるクラスでは、グループで話しあいをするときのルールを考えました。

①発言する人は手をあげる：発言者の口の動きを見ながら話を聞くと、女の子はわかりやすくなります。

②ひとりずつ発言する：複数の人の声が重なると、女の子は聞きとりにくくなります。

もちろん、授業中だけでなく、休み時間も同じようにして話しています。

耳の聞こえにくさは、片側だけが聞こえない、高い音・低い音が聞こえない、あるいはまったく聞こえないなど、さまざまなパターンがあります。その人に合ったコミュニケーション方法をくふうしましょう。

聞こえやすくする道具

補聴器
耳にかけたり、耳の穴にはめたりして使う、音を大きくする機械。補聴器をつけているときは、大きな声でなくふつうの大きさの声で話して。

音声を文字に変換するアプリ
タブレットやスマートフォンに話しかけると、言葉が文字になって画面に映し出される。

きもち
声の大きさは遠慮しないで教えて

私は、自分がどのくらいの大きさの声で話しているのかがわからないので、声が大きすぎたり、小さすぎたりしたら、教えてもらえるといいな。それから、私の言ったことがよく聞きとれなかったときは、わかったふりをしないで聞き返してね。

アクション
聞きとりやすくするためおたがいに協力！

補聴器をしていても、音や声が聞きとりにくいことがあります。足音が聞こえず、後ろから肩をたたかれてビックリすることも！話しかけるときは、聞こえにくい子の正面にまわりましょう。また、聞こえにくい子は、「左側で話して」など、具体的にどうしてほしいかを伝えましょう。

くふう
うるさい雑音をできるだけなくそう

補聴器をつけていると、ちょっとした音が大きく響きすぎることや、雑音のせいで人の声を聞きとりにくくなることがあります。授業中に立ちあがったときの、机がガタガタいう音や、いすを引きずる音もそのひとつ。古いテニスボールに切りこみを入れて、机といすの脚につけるといったくふうをすれば、うるさい雑音が解消されます。

アクション
聞きのがしていたらすぐに教えよう

聞きのがした言葉がひと言でも、大事な情報が伝わらないことがあります。先生が、「ここは、宿題にします」と言ったとき、「宿題」が聞こえなかったり、「します」と言ったのか、「しません」と言ったのか、はっきりしなかったり。近くにいるあなたが、「ここ、宿題だよ」と伝えましょう。

読むのが苦手な友だちのことを知ろう！

シーン4

やり方はちがっていい！

　脳の特性によって、読む・書く・計算することが苦手なことを、**学習障害（LD）**といいます。上の絵でパソコンを使っている男の子は、文字を読むことが苦手。これは、**ディスレクシア**という特徴です。読むかわりに音声で聞けばスムーズに理解できるので、パソコンの読み上げ機能を使います。また、この子の場合は書くことも苦手なので、紙に書くかわりにキーボードを使います。

　脳の特性で計算が苦手な子は、計算をするときに電卓を使えば、算数の応用問題を考えることができます。こんなふうに、道具を使うことで勉強そのものに集中できるのなら、ほかの子とちがうやり方をしてもいいですね。

きもち

教科書を読むとき ふざけちゃうワケは…

　授業で当てられて、みんなの前で本を読まなくちゃいけないとき、ぼくはいつも、ふざけてみんなが笑うようなことを言ったり、おなかが痛くなったふりをして、ごまかしちゃう。だって、文字がおどっているように見えて、みんなのように読むことができないから。「ぼくの見え方を、みんなに知ってもらえたら……」って思うことがあるよ。
〈読むことが苦手なタイチくん〉

学校を見てみよう

文字の読み書きってじつは複雑なのね！

人が文字を読むとき、書くとき、頭の中では複雑な作業が行われています。

●黒板を読むとき
①黒板に「青い空」と書かれていたら、それを見て、文字を形でとらえる。
▼
②頭の中で「あおいそら」という音に変換。
▼
③「あおい」「そら」の音と意味をつなげて、「青い空」の意味を理解する。

●ノートに書き写すとき
①黒板に書かれた文字を見る。
▼
②文字を音に変換して、意味を理解する。
▼
③情報を一時的に記憶して、ノートに書く。

ディスレクシアの特徴はいろいろですが、文字と音を結びつけて操作することが苦手だといわれています。また、目や耳から入った言葉を一時的におぼえるのが苦手なこともあります。読むとき・書くときは、これらの作業が必要なので、ディスレクシアの人は時間がかかるのです。

そのほか、下の図のように文字が浮かんで見えたり、ちがう行に動いて見えたりするために、文字が読みにくい人もいます。

※たとえば上の文章が、下のように見えることがある。

> たかしくんは毎朝、6時半におきます。
> 顔を洗って、着がえると、朝ごはんを食べます。そのあと歯をみがきます。
> （通常の見え方）

> たかしくんは毎朝6時半におきます。顔を洗って、着がえると朝はんを食べます。そのと歯をみがきます。
> （ディスレクシアの見え方）

くふう

ごちゃごちゃの文字をスッキリ見せる！

同じ文字でも、先が丸いもの、とがったものなど、さまざまな書体があります。ユニバーサルデザイン（UD）書体は、ディスレクシアの人などがわかりやすいように、くふうされた書体です。

UD書体
ふつうの教科書体（上）と、わかりやすいようにくふうされたUD書体（下）。

> ふつうの教科書体
> 文字がわかりやすい書体
> （UDデジタル教科書体）

カラーバールーペ
読みたい行に合わせると、色がついて読みとりやすくなり、文字も拡大される。

きもち

ルールもくふうが必要

私の息子は、文字と音を結びつける操作が苦手で、学校では苦労しました。宿題やテストは、みんな同じでなければ不公平だと思うかもしれませんが、たとえば、こんな場合を考えてみてください。「漢字を10回ずつ書きなさい」という宿題で、ほかの子は10分くらいで書けたけれど、息子は1時間かかった。そのせいで、ほかの勉強をする時間がなくなってしまった……。こんなときはその子に合わせて、「漢字を1回書ければOK」というルールにするといいと思いませんか？

テストも、「機能を限定したパソコンを使用していい」「ひらがなで書いても正解」など、その人に合ったやり方とルールで、勉強ができるといいと思いますよ。

〈お話してくれた人：藤堂栄子さん〉

モヤモヤの理由がわかれば、納得！

シーン 5

知ることから始めよう

　クラスのなかには、「こまったことをする」「ちょっと変」とあなたが感じる子がいるかもしれません。そんなとき、その子へのモヤモヤした気もちをなくすために、知ってほしいことがあります。

　たとえば、集中することが苦手な子がいます。仮にユウくんと呼びます。ユウくんは、窓から見えるものや聞こえてくる音に気を取られてしまうので、授業中はカーテンを閉めることにしました。でも、ときどき立ち上がって、ウロウロ歩いたりすることがあります。「なんで集中できないのかな」と思いますか？じつはユウくんが立ち上がるのは、自分を落ち着かせるためなのです。

　65ページで紹介した、音に敏感な女の子を、仮にミホさんと呼びます。ユウくんやミホさんのことをもっと理解するために、つぎのページから例を見てみましょう。そして、もっといろいろな友だちがいることも知っておいてください。

ユウくんはときどき、**カームダウン（クールダウン）のスペース**（→P99）に行き、落ち着くまでそこにいることがある。

72　学校を見てみよう

集中できないユウくんの もうひとつの特徴

ユウくんには、「考える前に体が動いてしまう」という特徴もあります。また、体の動きをコントロールするのが苦手で、動作がらんぼうになることも。そのため、みんなが順番にならんでいるのに、友だちをつきとばして列にわりこむ……なんてことがあります。

きもち

そのときの ユウくんの気もちは…

気がついたら体が勝手に動いてた。友だちをつきとばして悪かったって、あとで思ったんだけど、あやまれなかった……。それと、ぼくは忘れ物ばかりしてるから、自分でもいやになって落ちこむことがある。

NGアクション

「ダメ」という言葉では 伝わらない

友だちをつきとばして列にわりこむなんて、やってはいけないこと。でも、「ダメ！」と怒られても、ユウくんはいやな気もちになるだけで、どうしたらいいかわかりません。右の「アクション」で、どんな言い方がユウくんに伝わりやすいか見てみましょう。

アクション

こんな言い方・やり方で 伝えてみよう！

「わりこみはダメ！」と言うかわりに、「ここにならぶんだよ」と伝えれば、ユウくんはルールを思いだして列にならべます。下のように、「やってはいけない」ではなく、「こうしよう」に言い換えると、伝わりやすいです。

×	○
走っちゃダメ！	歩こう
うるさい（物をらんぼうに動かしたとき）	そっと置いてね
ちょっと待って	あと1分待って
早くかわって！	あと1回やったら交代だよ
ぶつかった！	（その子の動作をまねして）今こうやったけれど、（ぶつからない動作をして）こうすればぶつからないよ

音に敏感なミホさんの もうひとつの特徴

ミホさんには、「人の気もちが想像できない」「ひとつのことに夢中になってしまう」という特徴もあります。自分の好きなことを夢中で話しつづけて、友だちがムッとしていても、気づくことができません。そして友だちが怒っても、理由がわからないのです。

きもち
そのときの ミホさんの気もちは…

友だちが急に怒りだして、「ミホって自分勝手！」「わがまま！」と言われたの。でも、どうして怒られたのかわからない……。ほんとうは友だちと仲よくしたいのに、前にもこんなことがあって、悲しくなりました。

NGアクション
決めつけて 悪口を言ってはダメ！

あなたは、ひとりでしゃべっているミホさんに腹を立てたのに、ミホさんはあやまろうともしません。でもそれは、ミホさんにはあなたが怒った理由がわからないから。「自分勝手な子」と決めつけて、ほかの友だちと悪口を言ったりしないで！

アクション
あなたも「話したい」と ミホさんに伝えよう！

ミホさんのおしゃべりが止まらなくなったときは、「つぎは私の話、していい？」と声をかけましょう。ミホさんがなかなかおしゃべりをやめられなかったとしても、自分勝手なのではなく、「ミホさんの特徴なんだ」と理解できるといいですね。そして、ミホさんのいいところにも目を向けてみましょう。

発達障害のことをくわしく知ろう

ユウくんやミホさんや、タイチくん（→P70）の特徴は、脳の特性によるものと考えられていて、**発達障害**と呼ばれます。ルールを忘れて行動してしまうのを「親のしつけが悪い」と言われたり、漢字の書きとりが苦手なのを、なまけているとかんちがいされることがありますが、親のせいでも本人のせいでもありません。

見ためではわかりにくく、ひとりひとり特徴もちがう発達障害を理解するのは、かんたんではありません。右のような「紹介状」があると、理解しやすくなるかもしれませんね。

よく理解できないときも、その子がダメだなどと決めつけないで、「あの子の特徴かもしれない」と考えてみましょう。

ミホさんは、自分のことを知ってもらうために、「紹介状」をつくってクラスの友だちにわたしました。

ミホの紹介状

私は、アスペルガー症候群という発達障害です。病気ではありませんが、「変わってる」と思われることがあるかもしれません。私の好きなことや苦手なことを紹介します。

- 私は、お花が大好きで、お花の名前をよく知っています。いっしょにいるときに名前を知らないお花を見つけたら、私に聞いてみてくださいね。
- 私は、みなさんが気にならない音をうるさいと感じることがあります。だから、ヘッドホンをつけていることが多いです。
- 私は、ひとつのことに夢中になると、まわりのことに気づきません。おしゃべりが止まらなくなることもあります。
- 私は、いつも決まった場所に置いてある物がなかったり、場所が動いていたりすると、とても不安になって泣きだしてしまうことがあります。

私は変わったところもありますが、みなさんと仲よくなりたいと思っています。どうぞよろしくお願いします。

ミホより

発達障害の主な種類と特徴

自閉症
- 言葉の発達のおくれがある
- 人づきあいが苦手
- 気もちを伝えるのが苦手
- 興味や関心の幅がせまく、特定のものにこだわる

知的発達のおくれをともなうこともある

広汎性発達障害（自閉症やアスペルガー症候群の総称）

アスペルガー症候群
- 知的発達のおくれがなく、自閉症の特徴のうち言葉の発達のおくれをともなわない

※ここに示した特徴が必ずあてはまるわけではありません。また、いくつかの特徴が重なっている人もいます。

注意欠陥多動性障害（ADHD）
- 集中するのが苦手
- じっとしているのが苦手
- よく考えずに、自分の気もちのまま行動する

学習障害（LD）
- 「読む」「書く」「計算する」などが、全体的な知的発達に比べて極端に苦手

資料：厚生労働省「発達障害の理解のために」
文部科学省「主な発達障害の定義について」

交流の時間を楽しもう！

シーン6

わあー、じょうず！

いっしょに活動しよう！

あなたの学校に、**交流の時間**はありますか？交流の時間には、学校のなかの**特別支援学級**の友だちといっしょに活動する場合と、ほかの学校の友だちといっしょに活動する場合があります。どちらも、いろいろな子のことを知るチャンスです！

交流の時間の友だちには、うまくしゃべれない子や、国語や算数などの教科の勉強をいっしょにできない子がいることもあります。いろいろな友だちと、どうしたら楽しくいっしょに活動できるか、その友だちのことをよく知って、くふうしてみましょう。

→特別支援学級についてはP81

きもち

みんなの理解が深まった交流の時間

私の息子も、特別支援学級で学びながら、ときどき通常の学級との交流の時間を過ごしていました。少ない時間ですが、交流があることで、通常の学級の子たちは、息子のちょっと変わった行動も、わかってくれていました。お母さん同士の交流ができたこともよかったですね。

〈お話してくれた人：佐々木桃子さん〉

きもち

うまくしゃべれないけどお話したい

私は、うまくしゃべれませんが、友だちとお話したいと思っています。でも、「どうして？」「どこで？」「いつ？」などと聞かれると、むずかしくて答えられないことがあるの。だから、はい・いいえで答えられるように聞いてもらったり、「どっちがいい？」と聞いてもらえるとうれしいです。

〈特別支援学級で学んでいるミチさん〉

NGアクション

同学年の友だちに赤ちゃん言葉は失礼！

特別支援学級の友だちのなかには、体の成長がゆっくりで、小柄な子もいます。また、言葉を話すのが苦手だと、幼く感じるかもしれません。でも、だからといって、赤ちゃん言葉で話しかけたりしないで。同じ学年の友だちから、そんなふうに話しかけられると、傷つきます。

アクション

質問ぜめにこまったら「おしまい」で終了！

言葉の発達がゆっくりの子は、同じ質問をくり返すことがあります。たとえば「給食好き？」「うん、好き」という同じやりとりをくり返すと、安心できるのです。そんなときは、いつもどおりに答えてあげて。でも、いつまでも終わらなくてこまったら、「○○くん、おしまいにしよう」と言って、終わりにしましょう。

アクション

"オウム返し"かも？具体的に聞いてみて

特別支援学級の友だちが転んだので、「だいじょうぶ？」と聞いたら、「だいじょうぶ」と返事が。でも、これは返事ではなく、あいての言ったことをそのまま言う"オウム返し"の場合もあります。ほんとうはだいじょうぶじゃない場合もあるので、「保健室に行く？」など、具体的に聞いてみましょう。

おたすけグッズが
いろいろあるね！

カラーユニバーサルデザイン
のチョーク

色の見え方に特徴がある子は、明るい・暗いの差、あざやか・くすんでいるの差がはっきりしていると、わかりやすい。写真は、その差をはっきりつけたチョーク。このように、だれにでもわかりやすいように配色することを**カラーユニバーサルデザイン**という。

絵カード

「いつ」「どこで」「何をするのか」などを、絵カードを組みあわせて見せると、理解や想像することが苦手な子も自分で行動できたり、生活や作業の順番にならべると、手順書として使えるなど、さまざまな使い方がある。また、自分の気もちや考えを声や言葉で伝えるのがむずかしい子は、絵カードを使って気もちを伝えることもできる。

学習をサポ

学びたいのに、理解すること、伝えること、道立つグッズや、さまざまなタイプの教科書を紹

グーでにぎる
コンパス

にぎる力が弱い子や、細かい作業が苦手な子も、きれいな円を描ける、「くるんパス」。大きなキャップをグーでにぎって回すだけでよいコンパス。

片手リコーダー

片手だけで演奏できるリコーダー。右手用と左手用がある。でも、片手しか使えなくても、みんなと同じリコーダーで演奏したいと思う子もいるので、本人の希望を聞いてみて。

教科書の種類もたくさんあるわ！

拡大教科書

拡大教科書（左）と一般の教科書（右）

文字が大きく太く、図も大きく見やすい教科書。出版社が制作する、文字や本のサイズを変えた3タイプのほか、ボランティアがその生徒に合わせて制作するものがあり、選択できる。

※このほか、文章を読み上げ、絵や写真も音声で解説してCDなどに入れた録音図書もある。

デジタル教科書

拡大する、配色を変える、文字を読み上げるなどの機能があり、「タップ」や「スワイプ」などで操作できる。

小学校3年国語のデジタル教科書

点字教科書

一般の教科書と同じ内容が点字（→P90）で書かれていて、図もさわってわかるように作られている。一般の教科書よりページが多い。

高校の英語の点字教科書。一般の教科書1冊分が3冊になっている。

ートするグッズ

具を使うことがむずかしい……。そんなときに役介！ みんなでできる遊びも考えましょう。

勉強したい気もちを生かすこと、チャンスをつくることが大切ね！

林間学校は自立を経験する場！

　私は生まれつき心臓に障害があるので、激しい運動は苦手で、階段の上り下りが大変なこともあります。
　小学校の林間学校のときに、私だけ親がつきそいで来ました。「何かあったらたいへん」と、先生が心配してくれたからですが、それは、少しおかしなこと。林間学校は、家を離れて自立を学ぶ場だからです。もちろん、症状に合わせた配慮は大切ですが、あのとき先生、親と話しあっていたら、ほかのよい方法があったかもしれません。

お話してくれた人：大場奈央さん

目が見えなくても体育をいっしょに！

　目の見えない子・見えにくい子は、"体育はいつも見学" ということがあります。けがをするのを、先生や親、または本人が心配することが多いからでしょう。でも、体育の目的はなんでしょう？ さまざまな運動をしながら、体の動かし方や、健康な体づくりを学ぶことです。目が見えないからこそ、体育はしっかり学びたいことのひとつです。
　目の見えないぼくは、水泳競技でパラリンピックに6回出場しました。スポーツをすることで、可能性が広がることもありますよ！

お話してくれた人：河合純一さん

いっしょにできる遊びを考えよう！

P6～7、10の、ふみ台やタブレットの話を思いだして！　それぞれの人に合ったくふうをすれば、いっしょに遊べるよ。

ルールを変えてみよう

　小さい子と遊ぶとき、「その子はつかまってもオニにならない」というルールにしたことはありませんか？　ルールを変えれば、いろいろな子がいっしょに楽しく遊べますね。

　ポイントは、メンバーにどんな子がいて、どうすれば同じように楽しめるかを考えて、実行すること。ルールを理解するのがむずかしい子には、絵を描いて説明するなどのくふうも大切です。

みんなでできる遊び①

きき手ふうじドッジ

　右ききの子は左手で、左ききの子は右手でボールを投げるドッジボール。ボールの勢いが弱まるので、筋力や体力がない子、ボールがこわい子もいっしょに遊びやすい。

みんなでできる遊び②

ジェスチャーゲーム

①AとBの2チームに分かれる。
②Aチームは、スケッチブックの表ページに問題を書き、裏ページにヒント書く。これを数ページ分用意。（例：表に「動物園」という問題を、裏に「オリがある」というヒントを書く）
③AチームとBチームの間にスケッチブックを立てて、Aチームは表ページ、Bチームは裏ページが見えるようにする。
④Aチームは、問題を見て、声を出さずにジェスチャーで表現。Bチームは、ジェスチャーとヒントを見て答えを当てる。

※①～③は、「だれも声を出さないルール」でやってみよう。
※何問かやったら、問題を出すチームと答えを当てるチームを入れかえよう。

考えてみよう

- 交流の時間でいっしょになる友だちとできる遊びを考えよう！
- 手や足を使えない子・使いにくい子と、いっしょにできる遊びは？
- 耳の聞こえない子・聞こえにくい子と、声を出さないでできる遊びは？
- ルールをおぼえるのが苦手な子でも遊べる、わかりやすい遊びは？
- **おもしろい遊びを発明しよう！**

学校を見てみよう

さまざまな学級・学校の種類

すべての学校で、障害のある子に必要な支援が行われています。どの学級や学校で学ぶかは、本人や家族が専門家とも相談しながら選ぶことができます。

障害のある子とない子が共に学ぶことを**インクルーシブ教育**といいます。どのような学級や学校で学んでいるか、見てみましょう。

幼稚園・小学校・中学校・高等学校・中等教育学校※
（※中高一貫教育を行う学校）

通常の学級

障害のある子もない子もいっしょに学ぶ。少人数指導や習熟度別指導による授業も行われる。障害のある子には**支援員**がついて、介助や学習支援を行う場合もある。

⇔ 交流共同学習

特別支援学級

少人数学級で、障害のある子どもの、ひとりひとりに応じた教育を行う。

障害の種類は、弱視、難聴、知的障害（※1）、肢体不自由（※2）、病弱・身体虚弱（※3）、言語障害、発達障害（→P75）、情緒障害（※4）など。

※1…記憶・推理・判断などの知的機能の発達におくれがある。
※2…歩く・字を書くなど、日常動作がむずかしい。
※3…慢性的な病気や、病気にかかりやすいため、日常生活に配慮が必要。
※4…感情のコントロールがむずかしい。

通級（通級指導教室）

通常の学級に在籍し、ほとんどの授業を通常の学級で受けながら、別の場所で、特別な指導を週1～8単位時間受ける。たとえば、目の見えにくい子が通う**弱視通級指導教室**、耳の聞こえにくい子が通う**難聴通級指導教室**、話し言葉がスムーズでない子が通う**言語障害通級指導教室**などがある。

⇔ 交流共同学習

特別支援学校（幼稚部・小学部・中学部・高等部）
※ 学校名は、盲学校、ろう学校、養護学校などの場合もある。

障害の程度が比較的重い子どもを対象として、専門性の高い教育を行う。幼稚園から高等学校に相当する年齢段階の教育を、特別支援学校の幼稚部・小学部・中学部・高等部で行う。

出典：文部科学省「子ども一人一人の教育的ニーズにこたえます！ 特別支援教育」より改変

体験しよう　ワークショップで学ぼう！

「心のバリアフリー」を理解するためには、体験することも役立ちます。ここでは、東京都練馬区立豊玉小学校で行われた「ユニバーサルデザイン体験教室」をもとに、体験型ワークショップの例を紹介します。

Step 1　事前学習をしよう

今回のワークショップのテーマは2つ。
① 町に住むいろいろな人を先生として招いて話を聞く。
② 学校の近くにあるユニバーサルデザイン公園のくふうを知る。

そこで事前に、「目が見えない人のくらし」や、ユニバーサルデザインについて、本で調べたり、担任の先生から話を聞きました。

ユニバーサルデザインについては、つぎのページから説明します！

Step 2　話を聞こう

今回の町の先生は、目の見えない人、車いすを使っている人、子育て中の人、酸素ボンベを携帯している人の4人です。まず、ふだんのくらしについて聞きました。

目の見えない先生は、歩くときは白杖を使いますが、料理が得意だと聞いてびっくり。車いすの先生は、段差やせまい道が多いことや、野球場の席の話をしてくれました。子育て中の先生は、4人の子どもとの外出は、大荷物でたいへんだそうです。酸素ボンベを携帯している先生は、肺の機能に障害があるけれど、ふつうに仕事をしています。

町の先生たちは、私たちと同じようにくらしています。でも、「こんなくふうがあるといい」「こんなときは手伝ってもらえるとうれしい」ということも話してくれました。

目が見えなくても、お料理ができることも知ってね。

大荷物のとき、ドアを開けてくれる人がいたらうれしいわ。

野球場の車いす席が少ないから、ふやしてほしいな。

ボンベは中の酸素量が決まっているので、外出時間が限られるの。

Step 3 質問しよう

　話を聞いたあと、わからないことや、くわしく知りたいことがあったら、その場で質問をすると、もっとよく理解できます。

　そのときに、「こんなこと聞いていいかな」と迷う場合は、「自分だったら、いやな気もちにならない？」と自分のなかで確かめて、礼儀正しく聞いてみればだいじょうぶです。

Step 4 同じ立場を体験！

　話を聞くだけでなく、その人と同じ立場になると、よくわかることがあります。そこで実際に、みんなも車いすを体験しました。

　車いすに座ると、本棚の高い位置にある本には手がとどきません。視線がいつもより低くなることにも気がつきました。「棚は低いほうがいい」「とどかない人がいたら、取ってあげます」などの感想や意見も出ました。

　このあとユニバーサル公園では、車いすに乗る人とおす人の体験などもします。

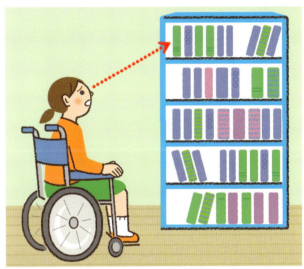

棚が高いと、手を伸ばしても取れない。

Step 5 ユニバーサルデザインを知ろう

　ここからは2つめのテーマ、「ユニバーサルデザイン公園のくふうを知る」に入ります。ユニバーサルデザイン公園は、小学校の近くにある、通称、「タコ公園」と呼ばれている公園です。

　ユニバーサルデザインとは、つぎのように定義されています。「すべての人びとに対し、その年齢や能力のちがいにかかわらず、大きな改造をすることなく、また特殊なものでもなく、可能なかぎり使いやすい製品や環境のデザイン」。

　それでは、公園にはどんなくふうがあるのか、確かめに行きます。

つぎのページで、ユニバーサルデザイン公園を体験するよ！

くふうを見つけて、「夢

タコ公園には、今まで気づかなかったくふうが、たくさんあるようです。みんなは、

観察スタート！

まず、数人ずつのグループに分かれて、さまざまな遊具、出入口、トイレなどを見に行きました。この公園によく遊びに来る子も、ひとつひとつをじっくり観察しました。

いろいろな人が、この公園を使っている
くふうがなかったら、使えない人がいる

ブランコを見に行ったグループは、高い背もたれがある、かごのような形をしたブランコを発見。これは、体を安定させるのがむずかしい子が、安全に遊べるブランコです。休憩コーナーを見に行ったグループは、テーブルの二辺にいすがないことに気づきました。そこは車いすのまま、テーブルを使えます。
　公園は、いろいろな子どもが遊んで、いろいろなおとなも利用する場所。くふうがなければ、ブランコで遊べない子や、テーブルを使えない人がいるのです。右の絵で、みんなが発見したほかのくふうも見てみましょう。

「夢の公園」を考えて発表！

この公園は、はじめはユニバーサルデザインではありませんでした。古くなって改修するとき、町の人たちが集まって、「みんなのタコ公園かいぎ」を3年かけて何回も開き、みんなが使いやすい公園になるように考えたのです。
　豊玉小のみんなも、グループごとにもっと使いやすくて、楽しく遊べる「夢の公園」を考えました。ひとりひとりが考えてから、グループで話すと、ちがうアイデアが出てきました。そのあと発表会をすると、また別のアイデアが出ました。みんなで考えると、すばらしい「夢の公園」ができそうです。

※この公園は、1968年につくられ、2009年にユニバーサル公園として生まれかわった「練馬区立豊玉公園（通称：タコ公園）」です。

ブランコ
2種類あって、かご型は、体を安定させるのがむずかしい子も安全に遊べるんだ。

トイレ
車いすで方向転換ができる広さで、オストメイトの設備、ベビーチェア、おむつ交換台がある。壁は、目の見えにくい人がわかりやすい色だよ。

園路
園路の半分は、地面の色とかたさが広場とはちがい、もう半分は、縁石をたどって歩けるくふうがあった。地面のかたさが変わると、足の裏の感覚でわかったよ。

「〇〇の公園」を考えよう！

町の先生の話を聞き、設備や遊具を調べたあと、「夢の公園」を考えます。

体験しよう ワークショップで学んだ 心のバリアフリー

公園にいろいろなくふうがあって、おどろいちゃった。

私は砂場のくふうにびっくり。体を支えるのがむずかしい子がいることも知らなかったけれど、その子たちは壁によりかかって遊べるし、砂場までの通路も、車いすやベビーカーが通りやすいのよ。

この公園は、町の人たちが3年もかけて話しあって、つくり変えたんだよね。

うん。もとの公園は、使いにくい人や、使うことができない人がいたから、町に住んでいるいろいろな人が、それぞれの立場で意見を出しあって、だれもが使いやすい公園をめざしたそうよ。これこそ、「心のバリアフリー」なんじゃない？

ワークショップに参加した小学生たちは、公園を観察したあと、もっと使いやすい「夢の公園」を考えたよね。ひとりひとりが、ちがうアイデアを出してた。

はじめに、町の先生たちのお話を聞いたから、「目の見えない先生は、この部分が使いにくいかも」とか、「子どもが4人いる先生は、こんなくふうがあるとよさそう」とか、想像できたみたいね。

ぼくも考えたよ！　遊具の使い方がわからない子がいないように、絵で説明した看板を設置するのはどう？　……でも、こんなにくふうされた公園でも、まだ使いにくい所があるってことだよね。

そうそう。だからまた、よりよく直していくことも計画しているそうよ。そうやってどんどん改良していくことを"スパイラルアップ"っていうんですって！

よーし、もっといろいろな人の話を聞いて、いいアイデアをいっしょに考えたいね！

先生方へ
P82〜85のワークショップは、練馬区環境まちづくり公社「みどりのまちづくりセンター」が練馬区から受託して企画・運営したものをもとに、内容をアレンジして掲載しました。ワークショップに関する情報は、各自治体のほか、右に紹介するサイトを参考にご覧ください。

ワークショップの参考サイト
■交通エコロジー・モビリティ財団
「バリアフリー学習プログラム」
https://www.bfed.jp/program/
■共用品推進機構
https://www.kyoyohin.org/

ピクトグラムを知ろう

体験しよう

「ピクトグラム」とは、絵文字のこと。文字が読めなくても、文化のちがいなどがあっても、できるだけ多くの人が"ひと目でわかる"ように考えられた、ユニバーサルデザインのひとつです。

たとえば「？」のピクトグラムは、「案内所」を表しています。英語の information（インフォメーション）の頭文字をとった「 i 」のピクトグラムも同様の意味で使われます。ほかにはどんなピクトグラムがあるか見てみましょう。

案内所　案内

クイズ：何のピクトグラムか、わかるかな？

① 　② 　③ 　④

⑤ 　⑥ 　⑦

こたえ：①病院　②どちらも「救護所」。③どちらも「避難所」。ただし③だけは2019年7月20日から使われている。⑤エレベーター　⑥⑦どちらも「温泉」。⑦は外国人にわかりやすいように追加された。

優先設備のピクトグラム

「優先席」を表す場合は、座っている人にアレンジされているよ

高齢者優先設備

障害のある人・けが人優先設備

妊産婦優先設備

乳幼児づれ優先設備

内部障害のある人優先設備

バリアフリーに関係するピクトグラム

障害のある人が使える設備

障害のある人が利用できる建物、施設であることを表す世界共通のマーク。車いす使用者にかぎらないので注意。

スロープ

車いすなどが移動しやすいスロープがあることを表す。

オストメイト用設備／オストメイト

人工肛門・人工膀胱をつけている人（オストメイト）のための設備があることを表す。また、オストメイトのことを表す。

ヘルプマーク

内部障害がある人などが身につけて、配慮を必要としていることなどを周囲の人に知らせることができる。

イヤホンガイド

くわしい説明や、外国語に翻訳された説明などを音声で聞ける機器があることを表す。

コミュニケーション：筆談対応

筆談などコミュニケーション手段の配慮があることを表す。

補助犬マーク

補助犬（→ P33）は、パートナーといっしょに、公共の場所、交通機関、店などへ入る権利があることを知らせるマーク。

マタニティマーク

妊娠していることを、周囲の人に知らせることができるマーク。おなかが目立たない時期から使用できる。

乳幼児用設備　ベビーケアルーム

赤ちゃんへの授乳や、おむつ交換ができる場所を表す。2019年7月20日からは主に右のピクトグラムを使用。

ベビーカーマーク

ベビーカー利用者が安心して利用できる場所や設備を表す。

ベビーカー使用禁止マーク

ベビーカーの使用を禁止する場所や設備を表す。たとえばエスカレーターなど。

安全・注意に関係するピクトグラム

非常ボタン
おしボタンによる緊急通報装置。事故や火災などが発生したときに通報。

非常電話
通話による緊急通報装置。受話器をとるだけで通話できる。

非常口
建物の中にいるとき、災害が発生した場合に避難するための出口。

広域避難場所
災害が発生したときの避難先として指定された場所。

津波避難場所
津波が発生したときに安全を確保できる避難場所（高台）。

一般注意

上り段差注意

下り段差注意

滑面注意（すべる）

津波注意

Q ピクトグラムは、なぜ大事なの？

①〜④は何を表しているのでしょう？

①何だろう？

　　화장실

②おとなならわかるかな？

　　厠

③英語だね

　　TOILET

④これならわかる！

A ①〜④はすべて「トイレ」を表しています。①は韓国語（ハングル文字）、②は「かわや」と読み、古い言葉でトイレのこと、③は英語。④のピクトグラムなら、日本語が読めない外国人でも子どもでも、ひと目で「トイレだな」とわかりますね。

なるほど、"わかりやすい"ってこういうことか！
でも、目の見えない人は、ピクトグラムがあってもわからないよ。どうしたらいいんだろう？

入り口に音声案内が必要ね！「向かって右が男子トイレ、中央が多機能トイレ、左が女子トイレです」という音声案内を聞いたことがあるわ。

89

体験しよう

点字を知ろう

監修：社会福祉法人 日本点字図書館

　点字は、目の見えない人・見えにくい人が指先を使って読む文字です。点字には、もりあがった点（凸点）が使われ、1マスに6点（タテ3つ、ヨコ2つ）を1単位とします。6つの点は、位置によって①〜⑥の番号が決まっていて、どの番号の点が盛りあがっているかで、言葉や数字を表します。

　点字は必ず横書きで、左から右へ読みます。むずかしそうに見えますが、ルールをおぼえると、「目で読む」こともできます。

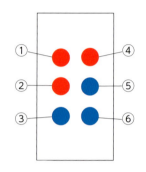

点字の五十音表

　点字の五十音は、「子音」＋「母音」で表し、ローマ字とよく似ている。
　「あいうえお」をローマ字で表すと「a i u e o」となり、この5つを母音という。
　母音の「あ」に続く「あ段」は、「ka（か）、sa（さ）、ta（た）、na（な）、ha（は）、ma（ま）、ya（や）、ra（ら）、wa（わ）」と表し、「a」の前につく「k、s、t、n、h、m、y、r、w」を子音という。
　点字の6つの点は、①②④は母音、③⑤⑥は子音を表す点と決められていて、これを組みあわせて五十音を表す。ただし、「やゆよ」「わをん」は例外。（図は、母音を赤、子音を青で示し、点のないところを「-」としている）

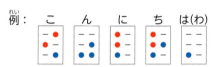

例：こんにちは（わ）

※ 点字は発音どおりに表すので、「こんにちは」の「は」は、「わ」を使う。

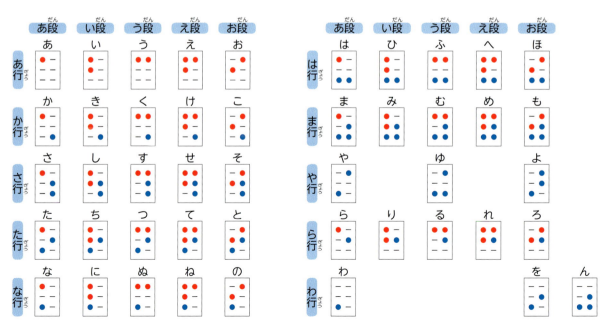

濁音や長音の表し方

濁音や半濁音（にごる音）などは、決まった符号を前につけて2マスで表す。
また、長音（伸ばす音）、促音（つまる音）は、決まった符号がある。

例：が
⑤の点で濁点「゛」を表す。「か」を表す。

濁音 ⑤の点を前につける。

拗濁音 ④⑤の点を前につける。

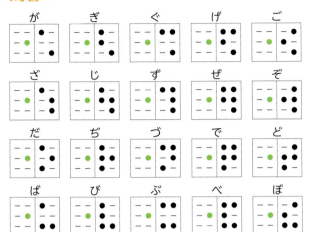
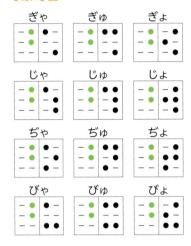

半濁音 ⑥の点を前につける。

拗半濁音 ④⑥の点をつける。

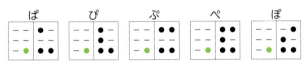
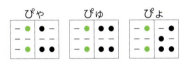

拗音 ④の点を前につける。（たとえば「きゃ」「きゅ」「きょ」は、「か」「く」「こ」の前に④の点をつける）

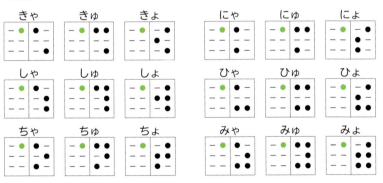
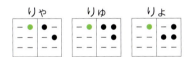

長音 ②⑤の2つの点で表す。　　促音 ②の点で表す。

数字の表し方

数字は、五十音のあ行、ら行と同じ点を使い、その前に、③④⑤⑥の点で表す「数符」をつける。

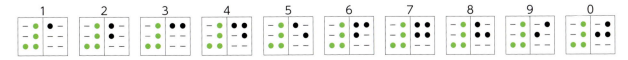

体験しよう

手話で話そう

監修：一般財団法人 全日本ろうあ連盟

　手話は、耳の聞こえない人・聞こえにくい人が使う、「目で見る言葉」。聞こえる人が声を出して話すように、聞こえない人は、手話で話をすることがあります。ジェスチャーのように見えるかもしれませんが、日本語や英語と同じように、ひとつの言語です。

　手話では、表情と視線をとても大事にします。楽しい話のときにブスッとしていたら変ですよね。そして、あいてと目を合わせて手話をすることも大切です。

手話であいさつ！

　手話には、いくつかのポイントがある。たとえば、右手と左手、どちらでやってもだいじょうぶ。顔の表情を意識し、伝えたいことをイメージして表現してみよう。まずは、あいさつから！
※イラストは、右ききの場合で説明しています。左ききの人は逆にしてもOK！

はじめまして

（初めて）
左手の甲に、人さし指を立てた右手を重ね、ほかの4指をつまむように引きあげ…

（会う）
人さし指を立てた両手を前後に向かいあわせて近づける。人と人が出会うイメージ。

よろしくおねがいします

（よい）
あいてのほうを向いて、鼻先に右のこぶしをつけ…

（お願い）
指を開きながら前へ出して軽く頭を下げる。

おはよう

（朝）
こめかみにあてたこぶしを引きおろす。枕をはずすイメージ。

（あいさつ）
両手の人さし指を向かいあわせて、同時に曲げる。人と人が向かいあっておじぎをしているイメージ。

こんにちは（あいさつ）

（昼）
人さし指と中指を立てて、額の中央にあてる。時計の長針と短針が12時で重なっているイメージ。

こんばんは（あいさつ）

（夜）
両手のひらを目の前で交差させる。暗くなるイメージ。

どうしましたか？（何ですか？）

（何？）
人さし指を伸ばし立て、顔の横で2回振り、頭をかたむけ…

（〜ですか？）
手のひらをあいてに向けて、たずねる表情で聞く。

すみません（ごめんなさい）

親指と人さし指でみけんをつまみ、申しわけない表情で…

右手を前に差し出しながら頭を下げる。

ありがとう

左手の甲に、開いた右手を垂直にのせ…

右手を上げながら頭を下げる。お相撲さんの"手刀"には感謝の気もちがこめられていることからできた手話。

私の名前は「ゆうき」です

（私）
自分を人さし指で指し…

（名前）
左手のひらを前に向けて立て、中央に右手の親指をあて…

ゆ　う　き

※名前は、「山」「田」「川」「谷」など、手話で表現できるものがたくさんあります。手話で表現できないものは、指文字で伝えます。

上の絵「ゆ」「う」「き」は、指文字というんだ。つぎのページを見て！

指文字の五十音表

※あいてから見た向きで表しています。

指文字は、手と指の形でひとつの文字を表す。手話の表現にない人名や地名、新しい言葉などを表現するときに使う。

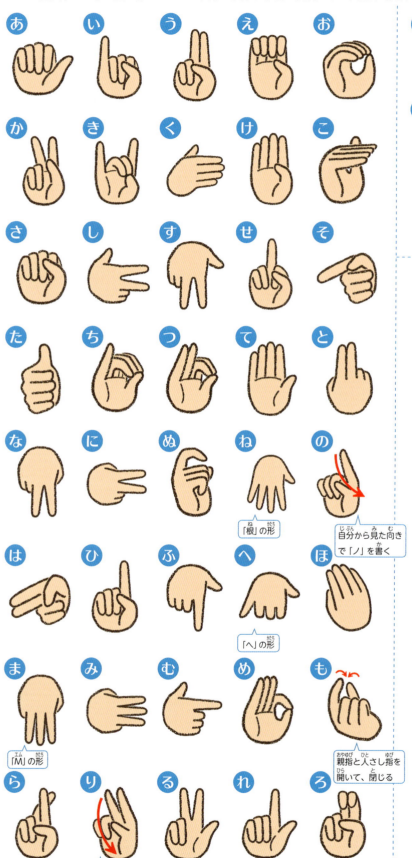
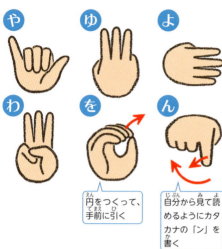

濁音や長音の表し方

もとになる文字を、横、上、手前に移動させて、にごる音などを表す。長音（伸ばす音）は、人さし指で線を引く。

濁音
例「だ」
「た」の指文字を、横に移動させる。

半濁音
例「ぱ」
「は」の指文字を、上に移動させる。

拗音
例「ゅ」
「ゆ」の指文字を、手前に引く。

長音
「ー」
人さし指で上から下へ線を引く。

促音
「っ」
「つ」の指文字を、手前に引く。

94 体験しよう

体験しよう

目の見えない人・見えにくい人のガイドヘルプ

　目の見えない・見えにくい人が、ひとりで歩くのが危険な場所や、道がわからないときなどは、自分の腕や肩につかまってもらって**手引き**（誘導）することができます。これを**ガイドヘルプ**といいます。

　たとえば白杖を持った人が、道がわからない様子だったら、「何かお手伝いしましょうか？」などと声をかけてみて。そして、手引きすることになったら、「どうすればいいですか？」と聞きましょう。ひじを持ちたい人や、肩につかまりたい人など、みんなそれぞれです。歩く速さも「ゆっくり歩きますか？」などとたずねてみましょう。

どうすればいいかを本人に聞いて、コミュニケーションをとりながら手引きすることがいちばん大切！

気をつけること
- 白杖を持っていない側に立つ。
- 歩くときは、あいての半歩前を進むようにする。
- ふたり分の幅を考えて、物にぶつからないように注意。

やってはいけないこと
- ✕ 白杖をつかむ。
- ✕ 手や服を引っぱる。
- ✕ 後ろからおす。

これは、おぼえておくといいよ！

階段では…

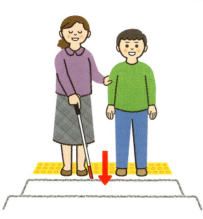

　階段が近づいてきたら、必ず、上りの階段か、下りの階段かを伝える。そしていったん止まり、「上ります」「下ります」と声をかけよう。ななめに進むと危険なので、段に対して直角に進むことも大切。

手すりを使いたい人もいるので、はじめに「手すりを使いますか？」と聞いてみて。

日本点字図書館のホームページに、さまざまな役立つ情報が紹介されています。
■社会福祉法人 日本点字図書館　https://www.nittento.or.jp/

体験しよう

車いす使用者の手伝い

車いすには、乗っている本人が動かす自走式車いす、介助する人がおす介助式車いす、電動車いすなど、いろいろな種類があります。たとえば車いすで移動している人が、坂道や段差、すき間などで止まっていたら、「お手伝いしますか？」と声をかけて、どうしたらいいか聞きましょう。ひとりでは無理なときは、まわりの人にも声をかけてみて。

車いすの各部の名称（自走式車いすの例）

①手おしハンドル　介助者はここを持って動かす。②介助用ブレーキ　ストップするときに介助者が使う。③後輪　④ハンドリム　車いすに乗っている人はここを回して動かす。⑤ブレーキ　止まっているときは必ずかけておく。⑥フットレスト　足のせ。⑦前輪（キャスター）　方向を変える小さな車輪。

振動が体にひびくと、つらい人もいるので、どうしたらいいか必ず本人に聞いてね。

段を上がるとき

①キャスターを上げる。このとき、「前を上げます」と声をかけて。

②キャスターをそっと段にのせる。

③後輪をゆっくり段に押しあげる。

下りるときは後ろ向きのほうが安心なことが多いけれど、それも本人に聞いてみよう！

段を下りるとき　※後ろ向きで下りるとき

①後輪をゆっくり下ろす。

②キャスターを少し浮かせる。

③キャスターを下ろす。

第4章
いろいろな場所へ行こう

スタジアム、映画館、テーマパークは、好きなことを楽しみに行く場所ですが、みんなが同じようには楽しめない「バリア」があることも。そんなバリアをなくすには、どうしたらいいでしょうか？ 病院やトイレなど、大事な施設も見ていきましょう。

スタジアムへ行こう！

くふうがあれば みんなが楽しめる！

　スタジアム（競技場）は、スポーツを間近で見て、生の迫力や、声援を送る楽しさをあじわえる場所。でも、目の見えない人や、耳が聞こえない人は、楽しめないのでは……と思っていませんか？　いいえ、音声ガイドや電光掲示板などのくふうがあれば、同じように楽しめます。

　車いす使用者のためには、どんなくふうが必要でしょうか？　席までスムーズに移動できるエレベーターやスロープ、そして、席にもくふうが……。右の絵から、そのくふうを見つけてみてください。

前の人が立っても見える サイトラインを確保！

　車いすで観戦している人の席が、少し高い位置にあります。このようなつくりなら、前列の人が立ち上がっても、車いすに座ったままでも視線（サイトライン）がさえぎられないので、名シーンを見のがさずにすみます。そして、車いすでも視線がさえぎられない席がいろいろな場所にあることが大切です。

介助犬といっしょに 快適に観戦！

　車いすに座った人の足もとに、犬が寝そべっていますね。この犬は介助犬といって、手や足を自由に動かせないパートナーのために、落とした物を拾うなど、さまざまな手助けをします。介助犬などの補助犬（→P104）は、ペット禁止の場所でも、パートナーといっしょに入れることを知っておきましょう。

いろいろな場所へ行こう

実況中継、電光掲示板アプリで満喫！

　実況中継があれば、目の見えない人・見えにくい人も、競技の展開をそのまま楽しめます。耳の聞こえない人・聞こえにくい人にとっては、アナウンスされたことがすべて、すぐに電光掲示板で流れることが大切です。ユーディーキャスト（→P100）などのアプリも活躍します。

気もちが落ち着く空間があれば安心！

　カームダウン（クールダウン）のスペースは、音や光の刺激をさえぎり、ゆっくり休むことができる空間です。カームダウンは英語で「落ち着く」という意味。人が大勢いる場所では、不安な気もちになりやすい人も、「不安になっても、落ち着けるスペースがある」と思うと、出かけやすくなるかもしれません。
　人が多く集まる場所や、学校などには、こうした場所があることが大切です。

映画やコンサートを楽しもう！

みんなといっしょに感動！

映画館で映画を見ると、大きなスクリーンや、迫力ある音響、そして、まわりの人と同じタイミングで笑ったり、ドキドキしたりする楽しさがありますね。

最近では、目の見えない人・見えにくい人が音声で解説を聞けたり、耳の聞こえない人・聞こえにくい人が**字幕**や手話を見られる、**バリアフリー映画**の上映がふえてきました。また、アプリを活用して、必要な人だけが音声や、字幕、手話などを利用できるスタイルもあります。ほかには、どんなくふうがあるといいか考えてみましょう。

ユーディーキャスト（UDCast）

マイクで映画の音声を拾い、めがね型端末やスマートフォンに字幕を表示したり、手話映像を表示、また、音声ガイドの再生などができるアプリケーション。外国語の表示や音声ガイドを追加することもできる。

字幕が出るめがね型端末

アプリを使ってスマホで音声ガイドを再生

音楽の楽しみ方は、人それぞれ！

音の振動を体で感じたり、リズムとともに歌詞をあじわったり、演奏風景を楽しんだり……音楽は全身で楽しめるもの。耳が聞こえなくても、聞こえにくくても、コンサートやカラオケを楽しんだり、演奏することが好きな人は大勢います。「耳の聞こえる人しか、音楽を楽しめない」というのは、思いこみですね。

低音や、太鼓、ドラム、アンプを使ったギターなどは、とくに振動が伝わりやすく、体で音楽を感じて楽しめる。

音の振動を体で感じられる「抱っこスピーカー」。ジャケット型のスピーカーも開発されている。

きもち

席の位置を変えられるともっといい！

車いす専用席は、入り口から段差なく行けて、座席に移らずに車いすのまま映画が見られるので便利です。でも、いつも決まった位置になってしまうのが残念。とくに楽しみにしている映画は、真ん中の席で見たいけれど、どんなくふうをすればいいでしょうか？
〈車いすを使用しているトキコさん〉

アクション

バリアフリー映画を見に行こう！

字幕つきの日本映画を上映している映画館を調べて出かけたり、音声ガイドを試してみよう！　たくさんの人が利用すれば、字幕や音声ガイドの提供がさらに広がることにつながります。ふだん行く映画館はどうかな？

美術館・博物館
テーマパークが楽しい！

みんなが楽しめる方法を知ろう、考えよう！

　美術作品を楽しむ方法は、「見る」だけではありません。彫刻や、古い土器などに「さわれる」美術館・博物館があります。また、作品を"言葉で鑑賞する"ツアーも行われています。見たものを言葉にするとき、「あたたかい色」「にぎやかな模様」など、まるでさわったり、聞いたりしたように表現することがありますね。美術はもともと、視覚だけでなく、五感で楽しめるものなのです。

　落ち着くのが苦手な子や、赤ちゃんをつれた人が、のびのび鑑賞できる日をつくっている美術館もあります。

　さて、テーマパークにはどんなくふうがあるでしょうか？

美術館＆博物館情報

国立民族学博物館（大阪）
世界の民族の文化や社会を紹介。ほとんどの資料が露出展示なので、質感や風合いを間近に感じることができるほか、「世界をさわる―感じて広がる」コーナーも！

東京都美術館（東京）
特別展ごとに開催される「障害者のための特別鑑賞会」では、学芸員による手話通訳つきワンポイント・トークや、アート・コミュニケータによるサポートがある。

ギャラリーTOM（東京）
"手で見る"をテーマにした小さな美術館。

水戸芸術館（茨城）
目の見える人と見えない人がいっしょに作品をめぐり、対話を通して作品をとらえていく「セッション！」を、年2回程度開催。回数や人数は限られるが、見える人が解説するのとは異なるユニークな鑑賞ツアー。

いろいろな場所へ行こう

 アクション

みんなが楽しめるアトラクションを ふやそう！

テーマパークの中には、車いすのまま乗れるアトラクションがあったり、耳の聞こえない・聞こえにくい人のため、ショーの歌詞やセリフを表示するガイド器を貸しだすなど、さまざまなくふうをしている所があります。

でも、すべてのテーマパーク、すべてのアトラクションで行われているわけではありません。そこで、こんなアクションをすることができます。たとえば、車いすを使っている友だちといっしょに行って、乗れないアトラクションがあったら……

- スタッフに、「友だちが乗れなかったことが残念」という気もちを伝える。
- あなたがそのアトラクションに乗り、体験したことを友だちに伝えて、共有する。

あなたの意見を、よりみんなで楽しめるテーマパークづくりにつなげるために、あとで手紙を書いて伝えてもいいですね。

車いすで乗れるアトラクションがあるけれど、まだ数は少ない！ もっとふえるように、みんなも考えて、行動しよう。

 きもち

がっかりしたけれど、期待もしています！

私は車いすを使用していますが、この間、テーマパークへ行ってがっかり。車いすのまま楽しめるアトラクションはよかったのですが、車いすから乗り移るタイプは、スタッフが手伝えない規則があり、乗れなかったのです。安全面を考えると、仕方のないこと。でも、だからこそ、設備がより整い、自分自身で安全に乗り移れてスリル満点のアトラクションが登場するのを期待しています！

〈お話してくれた人：田口亜希さん〉

 くふう

赤ちゃんのごはんも安心 アレルギーサポートも！

一日じゅう遊ぶテーマパークは、食事をする場所も大切ですね。赤ちゃんといっしょの人には、粉ミルク用のお湯や、離乳食を温められる電子レンジを備えている休憩室があると助かります。また、レストランにはアレルギー対応メニューがあると安心です。

赤ちゃんや小さな子どもには、ほかにどんなくふうがあるといいでしょうか？

レストランで快適な食事タイム！

みんな食事を楽しみたい！

車いすでレストランに入るとき、店はどうなっているといいでしょう？　入り口や店内に段差がない、テーブルの脚が車いすのじゃまにならない、いすが固定されていない……など。バイキング料理は車いすで手がとどくことが大切ですが、もしも、とどかない置き方だったら、あなたが手伝うこともできます。

上の絵で床にふせている犬は、**盲導犬**です。なかには犬が苦手な人もいるでしょう。でも、盲導犬は店に入ることができると法律で定められています。店の人も、お客さんも、そのことを正しく理解して、だれもが食事を楽しめるようにすることが大切です。

補助犬を知ろう

盲導犬は、目の見えない人・見えにくい人が安全に歩くためのパートナーです。上の絵でも、盲導犬は仕事中です。仕事中は、「カワイイ」と思っても、声をかけたり、食べ物をあげたりしてはいけません。

盲導犬、介助犬、聴導犬は**補助犬**（→P33）と呼ばれます。白いハーネス（胴輪）をつけているのは盲導犬です。補助犬は、電車、デパート、飲食店、病院などにパートナーといっしょに入れます。ペットではなくパートナーであり、体の一部でもあるからです。

補助犬マーク

補助犬がパートナーと店などに入る権利は、補助犬法という法律で守られている。それをみんなに知ってもらうためのマーク。

いろいろな場所へ行こう

くふう
だれが見ても わかりやすいメニュー

メニューを見て、あれこれ料理を選ぶのもレストランの楽しみのひとつ。写真やイラストつきのメニューなら、文字を読むのが苦手な人や、日本語がわからない外国人にもわかりやすく、指でさして注文できます。

目の見えない人・見えにくい人は、店の人にメニューを読みあげてもらうことが多いのですが、「点字のメニューがあれば便利」という人もいます。また、事前にホームページでメニューを調べる人もふえています。

食材の説明も、じつはとても大切です。アレルギーや、宗教などの理由で食べられない食材がある人もいるからです。メニューに食材のイラストも描かれていると、さらにわかりやすいですね。

料理と食材の写真やイラストがあれば、みんなが選びやすい。

「筆談器あります」「筆談します」などの案内があれば、耳の聞こえない人・聞こえにくい人も安心。

アクション
気づいたら行動しよう 声をかけて、オープン！

店のドアの開け閉めがむずかしそうな人を見かけたら、「お手伝いしましょうか？」「お店に入られますか？」などと声をかけて、ドアを開ける手伝いができますね。車いすを使っている人、ベビーカーをおしている人、腕を動かせない人、腕の力が弱い高齢者など、ドアの開閉が苦手な人がたくさんいることに気づいて、行動しましょう。

きもち
友だちになったら、 気づいてもらえた！

新しい職場の仲間が、「おいしい店につれて行くよ」とさそってくれました。ところが、車いすのぼくは入れない店ばかり。みんなはそのことに初めて気づいて、おどろいていました。でも、そのあと職場の友人は、車いすで入りやすい店にくわしくなって、いっしょにいろいろな店に行っています！

それから、店には**多機能トイレ**（→P107）があることも重要です。

〈お話してくれた人：佐藤 聡さん〉

くふうされた病院でスムーズに受診！

病院や銀行に必要なくふうは？

病院は、体調が悪いときに行く場所なので、できるだけスムーズに受診したいですね。そのためには、さまざまなくふうが必要です。読み書きが苦手な人は、問診票の記入を受付の人が手伝ってくれれば助かります。耳の聞こえない人・聞こえにくい人は、名前を呼ばれてもわからないので、振動で伝える呼び出し器や、携帯メールを活用することがふえました。薬は、注意書きに点字や、写真、イラストがあればわかりやすくなります。

病院のほか、銀行や役所に行くチャンスがあったら、どんなくふうがあるか、確かめてみましょう。

くふう
こんな病院ならこわくない！

病院へ行くのは、おとなでもこわいことがあるので、子どもなら、こわくてあたりまえです。そこで、こんなくふうもあります。小児科の壁のあちこちに、動物たちの絵がいっぱい！　楽しい絵を見ているうちに、不安な気もちはどこかへ飛んでいきそうです。

待合室の壁にゾウ先生やクマ先生！いすは子ども用とおとな用がセットでならんでいる。

106　いろいろな場所へ行こう

みんなが使いやすいトイレ

使いやすさもいろいろ！

いろいろな人が使いやすいようにくふうしたトイレを**多機能トイレ**と呼びます。基本のくふうは、車いすで利用できること。そのため、入り口は幅80cm以上、車いすを回転できる広さがあり、便座の両側に手すりが必要です。また、オストメイトの設備（→P108）も欠かせません。

広いスペースは、ベビーカー利用者や、盲導犬をつれた人にも便利。手すりは、高齢者など、さまざまな人が使います。

多機能トイレだけでなく、少し広めのトイレ、手すりがあるふつうのトイレなど、いろいろあるとよさそうですね。

アクション
ほかのトイレを使おう！

多機能トイレは、子どもといっしょに入る人や、高齢者が利用することも多くなりました。着がえをする人が長時間使うこともあるようです。そのために、車いす使用者がなかなか利用できないことがふえています。必要のない人は、ほかのトイレを使いましょう。

オストメイトに必要な設備

オストメイトは、病気や事故などが原因で、手術をしておなかに人工肛門や人工膀胱をつけた人のこと。パウチという袋に便や尿をためるので、それを捨てたり、洗ったりする流し台が必要です。

男子トイレにもおむつ交換台

おむつ交換台は、これまで女子トイレだけにあることがほとんどでしたが、男子トイレにも必要なので、設置する所がふえてきました。また、赤ちゃん用だけでなく、おとなが使うおむつ交換台も欠かせません。

介助する人がいっしょに入れる

介助者がいっしょにトイレに入れるように、そのためのスペースと、プライバシーを守るカーテンなどの仕切りが必要です。女性が男性を、男性が女性を介助する場合もあり、仕切りは、なくてはならない大切なもの。

わかりやすいピクトグラムと音声案内

一般的なトイレには、男性用か、女性用かを示すピクトグラム（→ P87）があります。多機能トイレは、車いすのマークだけでなく、優先して使える人すべてのピクトグラムを表示するように変わってきています。

目の見えない人・見えにくい人には、音声で「右が男性トイレです」などと伝える案内が必要です。

左から、体に障害がある人、オストメイト、乳幼児のための設備があることを示すピクトグラム。

いろいろな場所へ行こう

Q 「だれでもトイレ」は、だれのもの？

A ほとんどのトイレは、男性用か女性用かの2つに分かれています。でも、こんな人もいます。生まれもった体の性は男性で、心の性は女性。反対に、体の性は女性で、心の性は男性。その人たちのなかには、トイレを利用するとき、男性用も女性用も選べない、または、「ほんとうは心の性に合ったトイレを使いたいけれど、入りにくいから」と、多機能トイレを使う人もいます。

多機能トイレは、女性も男性も、手すりが必要な高齢者や、小さな子どもをつれた人も使います。そこで、多機能トイレを**だれでもトイレ**と呼ぶこともあります。ただし、この「だれでも」は、「できるかぎりみんなが使いやすいように設計されている」という意味。つまり、だれでもトイレは、このトイレを必要な人が優先して使えるトイレです。

「だれでもトイレ」は、優先的に使える人をそれぞれのピクトグラムで表示。

人はひとりひとりちがって、いろいろな「性」がある

上のQで、「体の性」と「心の性」が同じではない人がいる話をしました。そもそも人は、自分のなかに、いろいろな「性」をもっていると考えられます。いろいろな性は、つぎの頭文字を組みあわせて、**SOGIE**という言葉で表されます。

Sexual **O**rientation（好きになる性）
Gender **I**dentity（心の性）
Gender **E**xpression（表現する性）

好きになる性が異性ではない人・異性にかぎらない人や、体の性と心の性が一致しない人など、性的マイノリティ（少数派）を表す、**LGBT**という言葉もあります。つぎの頭文字を組みあわせたものです。

Lesbian（女性で、好きになる人が女性）
Gay（男性で、好きになる人が男性）
Bisexual（好きになる人が、男性のときも、女性のときもある。またはあいての性別にこだわらない人）
Transgender（生まれもった体の性と、心の性や表現する性が同じではない人）

また、自分の性は何なのか迷っている、あるいは決めない人を、Questioning（模索中）のQで表して、**LGBTQ**ということもあります。これらの言葉といっしょに知っておいてほしいのは、人はひとりひとり、ちがうということ。「ちがって、あたりまえなんだ」とわかるだけで、自分とちがう人に偏見をもったり、自分だけ人とちがうのかな……なんて悩むことが、なくなるかもしれません。

6色の虹のデザインは、さまざまな性があることを表す象徴として使われる。

災害時はどうしたらいい？

早く情報を知ることが大切！

災害時は、早く、正確な情報を得ることが大切です。その情報は、テレビ、ラジオ、町のスピーカーや広報車などで放送されたり、携帯電話などに緊急速報メールが配信されたりします。

伝達手段はたくさんありますが、たとえば、町のスピーカーで流す放送が聞こえない人や、日本語がわからない外国人は、情報を得るのが遅くなるかもしれません。情報が伝わりにくい人がいることを知っておきましょう。ただし、あなたがだれかに直接、「伝えに行かなきゃ」と思ったときは、必ずおとなといっしょに行動してください。

地域の避難訓練はある？

災害のとき、避難しなきゃいけないとわかったら、すぐに避難することが大事だよね。でも、ひとりで避難できない人は、どうするんだろう？

基本的には、地域のなかで、手伝いが必要な人を把握して、手伝う人を決めておくことが大切みたい。そして学校みたいに、地域でも避難訓練をするといいのよね。

あれ……ぼくたちの町では、やってたっけ？　確かめてみよう！

避難所でのコミュニケーションは命のきずな！

大切な情報や人の気もちがわかるように

避難所でしばらく過ごすことになった場合、まず、大事なのは、人と人とのコミュニケーションです。情報の伝わらない人がいないように、そして、だれもが情報をきちんと理解できるように、くふうしましょう。避難所には、**コミュニケーション支援ボード、絵カード、筆談器**などの用意があるといいです。ほかにも、状況に合わせて、さまざまなくふうが必要になります。

避難所では、あなたも不安になるでしょう。でも、あなたよりもっと不安な人や、こまっている人がいるかもしれません。そのことに気づいて、声をかけたり、行動することが大切です。

大事な情報は、声で、掲示板で、外国語で……何種類もの方法で伝えよう。

いろいろな方法でコミュニケーション！

たとえば、体調が悪そうな人がいたとします。その人が、耳が聞こえない、言葉を理解しにくい、日本語がわからない……といったとき、あなたならどうやってその人に体の具合を聞きますか？　下の絵を参考に考えてみましょう。

手話で

「どこが痛いのですか？」

絵カードで

「はき気がするのですか？」

筆談器で／翻訳アプリで

「熱がありますか？」

避難所に必要な設備を考えてみよう

いろんな人が使うことを考えておこう

　大勢の人が避難してくる避難所には、さまざまな設備が必要です。障害のある人たちが避難する際に重要な設備を、このページで見てみましょう。また、あなたの学校にはどんな設備があるか、調べてみるといいですね。

　避難所という広い場所では、便利な場所と不便な場所、暑い場所と涼しい場所、寒い場所と暖かい場所などができてしまうことがあります。そのとき、健康な人が先に"いい場所"を取ってしまったらどうでしょうか？　災害時にどう行動するべきか、ふだんから想像して、考えたり、話しあっておきたいことがいろいろあります。

段差をなくす

　車いすで避難してきたら、入り口に段差があって中に入れなかった……ということが実際にあったそうです。そんなことがないように、**スロープ**をつけるなどの整備が大切。

多機能トイレや簡易トイレ

　大勢の人が集まる避難所で、トイレの役割はとても大きなもの。みんなが使いやすい多機能トイレ（→P107）や、数を確保するための簡易トイレなどが必要です。

自家発電機

　酸素ボンベや人工呼吸器を使っている人にとって、停電は命をおびやかすもの。赤ちゃんも、粉ミルク用のお湯を電気ポットでわかすなど、電気がたよりになることがあります。停電時も電気を提供できるように、避難所には、自家発電機などの設備も必要です。

第5章 パラリンピックを楽しもう！

パラリンピックは、さまざまな障害がある人が参加する、世界最高峰の障害者のスポーツ大会。各国選手たちの輝きをその目でじかに見るチャンスです。そして応援の声が選手をはげまし、力づけます。パラスポーツのことを知り、観戦に行きましょう！

パラリンピックはこんな大会！

もうひとつのオリンピック

パラリンピックは、4年に一度行われる、障害がある人による世界最高峰の国際スポーツ大会です。オリンピックと同じく、夏季大会と冬季大会があり、オリンピック終了後に同じ開催都市で行われます。

パラリンピックという名前は、「パラ＝Para（沿う、並行）」と、「Olympic（オリンピック）」を組みあわせたものです。

パラリンピックのシンボルマークは「スリーアギトス」と呼ばれています。「アギト」とは、ラテン語で「私は動く」という意味。困難なことがあってもあきらめずに、限界に挑戦しつづける**パラリンピアン**（パラリンピック選手）を表現しています。赤・青・緑の3色は、世界の国旗でもっとも多く使用されている色であることから選ばれました。

パラリンピックのシンボル「スリーアギトス」

パラリンピックの歴史

パラリンピックの原点は、イギリスのストーク・マンデビル病院で開催されたアーチェリー大会です。1948年に開催されたロンドン・オリンピックの開会式に合わせて、車いすを使用する入院患者16名で行われました。大会を開いたのは、主に第2次世界大戦で脊髄を損傷した兵士の治療にあたっていたルードウィッヒ・グットマン博士。グットマン博士は、患者のリハビリのために、身体的にも精神的にもスポーツが役立つと考え、積極的に取りいれたのです。

この車いすのアーチェリー大会は、「国際ストーク・マンデビル大会」に発展しました。その後1960年、ローマ・オリンピック開催時に行われた第9回国際ストーク・マンデビル大会が、現在、第1回パラリンピックと位置づけられています。第2回パラリンピックは1964年、東京で開催されました。

パラリンピックは最初に愛称として1964年の東京大会でつけられたのよ！

正式名称になったのは1988年のソウル大会からだよ！

パラリンピックの見どころは？

パラリンピックは、オリンピックよりも多い種目数で行われます。それは、公平性を保つために、同じ競技でも障害の種類や程度によって細かくクラス分けをするためです。

また、オリンピックと同じ競技以外にも、視覚に障害がある人の球技として考案された「ゴールボール」や、重度の障害がある人のために考案された「ボッチャ」など、パラリンピック独自の競技もあります。そんな特有の競技やルールも、見どころのひとつです。

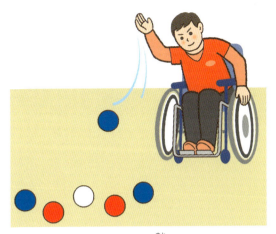

あいてボールをはじいたり、的のジャックボールを動かしたり、作戦と正確な投球で競いあうボッチャ。

パラスポーツを楽しもう！

障害のある人が行うスポーツのことを、**パラスポーツ**と呼びますが、障害のない人も、いっしょに楽しむことができます。体験してみれば、観戦するときもさらに楽しめるにちがいありません！　日本財団パラリンピックサポートセンターのホームページなどで情報を確認して出かけてみましょう（→P117）。

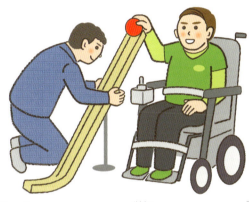

手で投げるのがむずかしい選手は、ランプという補助具を使うこともある。

ほかにも、こんな大会があるよ！

●デフリンピック

ろう者自身が運営する、ろう者のための国際スポーツ大会です。デフ（deaf）とは、英語で「耳が聞こえない」という意味。4年に一度、夏季・冬季の大会が開催され、スタートの音や審判の声による合図を、見てわかるようにくふうする以外は、オリンピックと同じルールで行われます。参加者が国際手話を使って交流を深めることも大きな特徴です。

空手競技では、判定やストップなど、審判が笛を吹くときに、同時にランプも光って知らせる。

●スペシャルオリンピックス

知的障害のある人たちに、スポーツや協議会をとどけている国際的スポーツ組織です。オリンピック同様、4年に一度、夏季・冬季の世界大会が開催されますが、日常的なスポーツトレーニングや国内大会など、年間を通じて行われているさまざまな活動をふくめてスペシャルオリンピックスと呼びます。

●アビリンピック

障害のある人が仕事の技能（うまさ・速さ・正確さ）を競う大会。競技種目は『家具』や『電子機器組立』、『データベース』、『フラワーアレンジメント』などさまざま。正式名称は全国障害者技能競技大会。

競技を知ろう！体験しよう

\\ パラスポーツの花形！ /
車いすバスケットボール

スピード感と迫力で、見ている人を圧倒する車いすバスケットボール。車いすをたくみにあやつりながら、ボールをコントロールする華麗なプレーを、ぜひ間近で見よう！

基本的なルールは一般バスケとほぼ同じ

1チームは5人。下肢（足）に障害のある人が選手です。コートの広さや、ゴールの高さは一般のバスケットボールと同じ。ルールも基本的には同じですが、ボールを持ったまま車いすを3回以上こぐと「トラベリング」という反則に！こんなルールを知っておくと、観戦するときにより楽しめそうです。

また、選手には障害の程度に合わせた「持ち点」があります。障害の程度が軽いほど持ち点が大きく、試合中はコート上にいる5人の選手の持ち点合計が14点以下になるよう決められています。

オーダーメイドの車いすでダッシュ！そのスピード感を、間近で体験したい

迫力ある激しいプレーが人気の秘密！

通常の高さのゴールをめがけて、座ったままの低い位置からシュート！

競技用の車いすは、タイヤが八の字になっています。選手の車いすはすべて、ひとりひとりに合わせたオーダーメイド。これを駆使して、ダッシュや急なターン、ストップをくり返すのです。スピードや敏しょう性が求められる、激しいスポーツで、選手同士がぶつかり合って、転倒することもたびたび！ハラハラするシーンもありますが、その迫力とたくみなプレーが人気の秘密です。

写真上／香西宏昭選手（NO EXCUSE）・豊島英選手（宮城MAX）　下／藤本怜央選手（宮城MAX）

静かで、激しい競技！
ゴールボール

静かなコートでくり広げられる熱い戦い！ アイシェードという目隠しをするので、障害のあるなしに関係なく、みんなが体験できるパラスポーツのひとつだ。

全員アイシェードをつけ、音をたよりにプレー！

　１チーム３人。視覚障害のある人が選手ですが、全員が目隠し（アイシェード）をしてプレーする競技。鈴の入ったボールを転がし、ゴールに入った得点を競います。

　ゴールは幅９m、高さ1.3mの大きさ、コートはバレーボールと同じ広さ。ボールの大きさはバスケットボールとほぼ同じですが、あまりはずみません。

　攻撃チームは、できるだけ音を立てないようにしたり、速攻でボールを返したり、あいてをあざむくために音に変化をつけるなどしてボールを返球！ このテクニックが、プレーするときも観戦するときも、おもしろさのポイントのひとつです。

　守りの選手は耳をすまし、ボールの位置や投げられたコースなどをさぐります。そしてボールが投げられたら、守備チームの３人は全員、体を横に倒し、協力して壁を作ってボールを防ぎます。

投球はスピードだけでなく、あいての裏をかくテクニックが必要！

チーム全員が体を横にしてゴールを守る

静かに観戦してファインプレーに拍手！

　ボールのコースを読む選手たちのために、観客は静かに観戦するのがこの競技のルール。でも、みごとなプレーには、大きな拍手を送ります。

　アイシェードをすることで、みんな同じように見えなくなるので、目の見える人もいっしょに体験できることが、この競技のいいところです。観戦するのも楽しいですが、ぜひ実際に競技を体験してみましょう！

パラスポーツやゴールボールの体験・観戦情報がわかるサイト
■パラスポーツの体験イベントやセミナー、体験型出前授業などの情報
　日本財団パラリンピックサポートセンター　https://www.parasapo.tokyo/program
■ゴールボールの国内大会・国際大会の情報
　日本ゴールボール協会　https://www.jgba.or.jp
■東京都内で行われるゴールボール体験会や、全国各地の大会情報
　東京都ゴールボール連絡協議会　https://goalballtokyo.wixsite.com/goalball

写真上／信澤用秀選手（チーム附属A）　下／浦田理恵選手（九州なでしこ）

夏季パラリンピックの競技

2020年パラリンピック東京大会の競技を紹介します。車いすバスケットボール（→P116）、ゴールボール（→P117）をふくめて22競技あり、ひとつの競技は細かい種目に分かれます。

※2018年7月現在の情報です。

● アーチェリー

パラリンピックの原点といわれる競技。肢体不自由の選手が参加し、腕以外にも足や口を使うことができる。弓は、一般的な「リカーブ」部門（70m）と、両端に滑車がついた「コンパウンド」部門（50m）がある。パラリンピックでの決勝トーナメントは1対1の対戦方式。選手のメンタルの強さが勝敗に大きく影響する。

● バドミントン

2020年東京大会からパラリンピックの正式競技になった。肢体不自由の選手が参加するが、さまざまな障害の選手ができるだけ公平に競えるよう、障害の内容や程度で6つのクラスに分かれて競技する。ネットの高さは、全クラスが一般のバドミントンと同じ。コートの広さはクラスによって変わる。

● ボッチャ

「ボッチャ」とは、イタリア語でボールの意味。比較的重い障害がある人のために考案された競技で、赤ボールと青ボールのチーム（個人戦もある）に分かれて競う。最初に、的となる白いジャックボールを投げたあと、各チームが6個ずつ投球し、最後に的の近くにボールを近づけた個数で勝敗が決まる（→P115）。

● カヌー

2016年リオ大会から正式競技。下半身や体幹に障害のある選手が参加する。使用する艇は、パドルを左右にこぐカヤックと、片側だけをこぐヴァーの2種類で、ヴァー種目は2020年東京大会から正式種目に。きたえられた上半身や、バランス力、水しぶきを上げながらゴールをめざすスピード感などが見どころ。

● 自転車競技

屋外の道路を使って行うロード競技と自転車競技専用のベロドロームで行うトラック競技があり、それぞれ複数の種目がある。身体障害の選手と視覚障害の選手が参加。手でこぐハンドサイクルや2人乗りのタンデムを使うクラスなど、バラエティに富む自転車とそれを操作する技術、そしてスリルとスピードを体感したい。

● 馬術

パラリンピックでは、技の正確さや、演技の美しさを競う馬場馬術（ドレッサージュ）が行われる。肢体不自由の選手と視覚障害の選手が参加。種目は、3人の選手による団体課目、個人課目、「馬のバレエ」とも呼ばれる自由演技課目の3つ。いずれの課目も、馬との一体感がポイントだ。

パラリンピックを楽しもう！

● 5人制サッカー

「ブラインドサッカー」としても知られる、視覚障害のある選手によるサッカー。4人のフィールドプレーヤーはアイマスクをつけ、ゴールキーパーは視覚障害がないか、弱視の選手がつとめる。転がると音が出るボールを使い、ゴールキーパーが声で指示を出す。ボールを持ったあいてに向かっていくときは「ボイ」と声をかける。

● 射撃

ライフルやピストルで的をねらい、制限時間内に決められた数の射撃を行う。銃の種類、的までの距離、撃つ姿勢などを組みあわせた種目がある。肢体不自由の選手が参加。10m エアライフルの的の中心点は、直径わずか0.5mm。1つのミスが勝敗を分けるので、集中力や強い精神力が求められる。

● 陸上競技

幅広い障害を対象とし、参加人数も夏季大会の中で最も多い。ルールはオリンピックを基本に、障害の内容や種目の特性によって一部変更。たとえば、視覚障害の一部のクラスでは、選手とガイドランナー（→P120）がならんで走る。義足、義手、車いすなど、メカニック（→P120）の協力も重要だ。

● 卓球

基本的なルールは一般の卓球とほぼ同じ。対象とする障害は幅広く、肢体不自由と知的障害に分かれ、さらに細かいクラスに分かれる。車いす、義足、杖などを使ったり、ラケットを口でくわえるなど、プレースタイルもさまざま。時速100km以上のボールを打って、打ち返す迫力を、間近で体験しよう。

パラリンピアンに聞こう

世界中の人びとの歓声に包まれる感動！

私は25歳のとき、脊髄の血管の病気を発症して、車いすを使用する生活になりました。「これからどうしよう……」と思っていたときに、リハビリの仲間にさそわれて始めたのが射撃です。

パラリンピックは3大会出場しましたが、最初に出場したアテネの開会式で、入場のとき、会場いっぱいの人たちの拍手と、「ジャパーン！」と叫ぶ声に包まれて、驚きながら、大感激！「世の中には、知らない人を応援したり、共に喜んだりしてくれる人が、こんなにたくさんいるんだ」ということを、初めて知りました。

日本ではまだ、パラリンピックを実際に見たことがない人も多いですよね。私は自分の経験を生かして、2020年の東京大会で選手たちが力を発揮できる環境を整えたり、多くの人に興味をもってもらえるように、魅力を伝えたりしています。パラスポーツは、"みんなに平等なルール"を考える機会にもなりますね。そして実際に、いろいろな友だちといっしょにスポーツを楽しむことで、おたがいにわかりあえてきますよ！

田口亜希さん
●射撃競技のライフル伏射種目で、アテネ、北京、ロンドンの3大会に出場

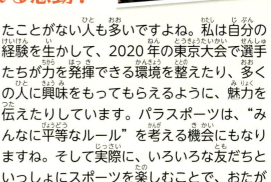

パラリンピックを支える人たち

選手とスタッフのチームワークも見どころのひとつ！ ここで紹介する以外にもさまざまなスタッフや、ボランティア、サポーターたちがみんなでパラリンピックをつくりあげる。

ガイドランナー
陸上のトラック種目やマラソンで、視覚障害がある選手をゴールまで導く伴走者。

パイロット
自転車競技の視覚障害クラスで、タンデム（2人乗り）自転車の前に乗ってハンドル操作を担当。

タッパー
水泳の視覚障害クラスで、ターンやゴールの壁がせまっていることを知らせるために、タッピングバーという棒で選手の体にタッチする。

メカニック
競技用の車いすやスキー、義足などの調整や修理と、これらが選手の体の一部としてよりうまく機能するように研究を行う。

● 水泳

対象とする障害は幅が広く、障害の種類、程度、運動機能などによってクラスが分かれる。同じクラスでも、体の状態はさまざまで、それぞれの選手が自分に最も合う泳ぎ方を見つけて技術をみがいている。勝利の決め手は、「だれよりも速く泳ぐこと」。くふうとチャレンジがつまった競技だ。

● ボート

直線距離1000mで速さを競う。足と体幹、または足を使えない選手や、視覚障害の選手が参加。種目はボートの種類別に、シングルスカル（1人乗り）、ダブルスカル（2人乗り）、舵手つきフォア（5人乗り4人こぎ）がある。シングルスカル以外は男女混合で、息の合ったチームワークも見どころ。

● 柔道

視覚障害の選手が参加。障害の程度によるクラス分けはなく、オリンピックと同様に男女別・体重の階級別。ルールは一般の柔道とほぼ同じだが、試合開始は、たがいにあいての襟と袖をつかんだ状態から「はじめ」となる。そのため、組み手あらそいをする時間がなく、最初から技のかけあいになる。

● シッティングバレーボール

座ってプレーする6人制のバレーボール。上肢（腕・手）、下肢（足）に障害のある選手が参加。レシーブは、短時間ならおしりが離れてもOKだが、サーブ、スパイク、ブロックなどは、おしりが床から離れると反則。コートは一般より少しせまく、その分、スパイクやサーブの距離が近いので、すばやい反応が必要。

● パラ・パワーリフティング

下肢（足）に障害のある選手による、ベンチプレス競技。平らなベンチプレス台の上にあお向けになり、その状態からバーベルをおし上げて重量を競う。上半身の筋力と、一瞬の集中力が勝利の決め手。バーベルは平行に上げる、途中で下がってはダメなど、細かいルールがあり、3人の審判が判定する。

● テコンドー

「けり」による攻撃が特徴の格闘技で、韓国の国技。2020年東京大会から正式競技になった。上肢（腕・手）に障害のある選手が競技するキョルギ（組手）と、幅広い障害を対象にした選手が競技するプムセ（型）の2種目あり、東京大会ではキョルギのみを実施。後ろげり、回転げりなど華麗な足技が魅力だ。

● **トライアスロン**

スイム（水泳）・バイク（自転車）・ラン（長距離走）の合計タイムで着順を競う。距離はオリンピック競技の半分で25.75km。クラスにより、バイクは改造が認められていたり、手でこぐハンドサイクルを使用できる。ランは競技用車いすや、義足などを使用できるクラスがある。視覚障害クラスはガイドと共に競技する。

● **車いすフェンシング**

騎士道精神から生まれたフェンシング。下肢（足）に障害のある人が、固定された競技用車いすに座って、上半身だけで競技する。ルールは一般のフェンシングとほぼ同じだが、あいてとの距離が近く、一定なので、剣さばきのテクニックとスピードが勝利の決め手になる。息づまる攻防に一瞬も目を離せない。

● **ウィルチェアーラグビー**

四肢（腕・足）に障害のある選手が、車いす（ウィルチェアー）で行う男女混合の競技。選手には障害の程度に応じた持ち点がつけられ、コートに入る4人の選手の持ち点合計を8点以内に収めなければならない。持ちやすい丸形の専用球を使用し、前方へのパスも可能。車いす競技で唯一、タックルが認められている。

● **車いすテニス**

車いすをたくみにあやつりプレーするテニス。2バウンド以内での返球OKという点以外は、コートの広さもネットの高さも一般のテニスと同じ。人気競技で、プロ選手も多く誕生している。足・手の三肢以上に障害のある比較的障害の重い男女混合のクアードクラスでは、ラケットと手をテーピングで固定してもよい。

パラリンピアンに聞こう

"可能性の祭典"は間近で見なくちゃ！

ぼくは生まれつき左目の視力がなく、少し見えていた右目も15歳で完全に見えなくなりました。それでも、小さいころから思い描いていた「水泳で世界一になる！」という夢に向かって練習をし、高校生でバルセロナパラリンピックに出場。その後、ロンドン大会までの全6大会に出場し、金メダル5つをふくむ21個のメダルを獲得することができました。

パラリンピックは"自分の想像をこえる、可能性の祭典"です。中学生で全盲になったとき、ぼくにこんな可能性があるなんて思いもよりませんでした。全盲になった今のほうが、いろんなことを経験し、人生における視野が広くなったように感じています。

みんなには、ぜひ、家族や友だちと競技場に足を運んで、間近で選手たちのパフォーマンスを見てほしいですね。生で見るからこそ感じられることがたくさんあるはずです。パラリンピックは、"見る人の可能性も引き出す"と、ぼくは信じています。

河合純一さん
●水泳の自由形で、バルセロナ、アトランタ、シドニー、アテネ、北京、ロンドンの6大会に出場

冬季パラリンピックの競技

2018年パラリンピック平昌大会で行われた6競技を紹介します。

※2018年7月現在の情報です。

● アルペンスキー

雪の斜面をスキーで滑走し、100分の1秒を競う。義足にスキーをはいた選手や、腕に障害のある選手がストックなしで滑るスタンディング、チェアスキーで滑るシッティング、視覚障害のある人がガイドと滑るビジュアリーインペアードのカテゴリーに分かれ、ダウンヒル（滑降）、スラローム（回転）などの種目がある。

● クロスカントリースキー

起伏のあるコースを、専用のスキーとストックを使って滑る、雪原のマラソン。種目は、2本のシュプール（溝）の上を滑るクラシカル、自由な走法のフリー、スプリント（約1kmの短距離）、リレーなど。スタンディング（立位）、シッティング（座位）、ビジュアリーインペアード（視覚障害）の3カテゴリーがある。

● スノーボード

2種目あり、バンクドスラロームは、コースに立てられた旗（旗門）を回転しながら滑りおり、スピードを競う。旗門には回転を助けるバンク（傾斜したカーブ）が作られている。スノーボードクロスは、バンクやローラーなど、さまざまな障害物で構成されたコースで競う。上肢障害クラスと、下肢障害クラスに分かれる。

● アイスホッケー

下肢（足）に障害のある選手が参加。スケートの刃が2枚ついたスレッジという専用のそりに乗り、両手に持ったスティックで氷をかいたり、パックという円盤をあいてゴールにシュート！　一般のアイスホッケーと同様、ボディチェックというぶつかり合いが認められていて、まさに氷上の格闘技だ。

● バイアスロン

クロスカントリースキーと射撃を組みあわせた競技。滑走と射撃をくり返すので、持久力と集中力が求められる。距離によって、ショート、ミドル、ロングの3種目に分かれ、スタンディング、シッティング、ビジュアリーインペアードの3カテゴリーで行う。視覚障害の選手は、音で的の位置がわかるビームライフルを使う。

● 車いすカーリング

車いすに乗って行うカーリング。1チームは4人で、助走はせず、ストーンを投げる際、デリバリースティックという棒を使うことができる。スウィーピング（ストーンの距離や方向の調整のためにブラシではくこと）を行わないので、投球に、より高い精度が求められることと、必ず男女混合チームで競技することが特徴的。

私が体験した、世界のバリアフリー

世界のバリアフリー事情はどうなっているでしょうか？
海外での体験を紹介します。

ヤンキー・スタジアムで快適に野球観戦！

ぼくは電動車いすにのって、大好きな野球観戦によく行きます。日本の球場にも車いす席はふえていますが、アメリカのヤンキー・スタジアムにはおどろきました。まずチケットを買うとき、日本のように、車いす席専用の窓口へ行く必要はなく、みんなと同じ窓口でいいので、迷うことがありません。約5万席のうち、68カ所、1000席以上が車いす席で、好きな場所を選べるのも魅力。日本にも、早くそんな球場ができるといいですね。

お話してくれた人：佐藤 聡さん

特別な目で見られないから心が解放されたグアム

息子は知的障害があり、音に敏感で、苦手な音や声を聞くと、大きな声を出すことがあります。そんなとき、日本ではジロジロ見られることも……。でも以前、家族でグアム旅行に行ったとき、小学生の息子はいつもと同じ行動でしたが、だれからもジロジロ見られませんでした。なんだか心が解放されてラクでした。グアムでは、子どものころから、心のバリアフリーが進められているのかと感じました。

お話してくれた人：佐々木桃子さん

イギリスで出会ったひとりひとりに合う勉強法

私の息子は、漢字や九九を覚えるのが苦手。頭のなかで文章はわかっていても、書いたり読んだりするとまちがってしまい、"勉強のできない子"でした。15歳でイギリスに留学し、ディスレクシア（→P70）であることがわかりました。イギリスの指導は、ひとりひとりに合わせたものでした。テストでパソコンを使うこともでき、つづりのまちがいも減点にならず、自信をつけた息子は大学へ。今は建築デザイナーとして働きながら、小説で賞もとりましたよ。

お話してくれた人：藤堂栄子さん

すぐに声をかけてくれて、サポートが自然！

私は目が見えにくいので、白杖を使っていますが、アメリカで町を歩いていると、いろいろな人が声をかけてくれます。たとえば、私が「○○というバス停をさがしている」と言うと、ある人は「同じ方向へ行くから案内するよ」とガイドしてくれます。でも、ある人は「これから逆方向に行くからサポートはできない」とはっきり断ります。そういったサポートがとても自然なのです。アメリカは多民族の人が集まった国なので、助け合いがあたりまえにできるのかもしれないですね。

お話してくれた人：奈良里紗さん

用語さくいん

あ

- 青延長用おしボタンつき信号機　22
- アスペルガー症候群　75
- アビリンピック　115
- イヤーマフ　65
- インクルーシブ教育　81
- 絵カード　78、111
- 駅ナンバリング　41
- エスカレーター　43
- エスコートゾーン　23
- LGBT　109
- LGBTQ　109
- エレベーター　42、47
- オストメイト　34、88、108
- おむつ交換台　108
- 音響式信号機　22
- 音声案内・音声ガイド　89、98、101、108
- 音声時計　30

か

- カームダウン（クールダウン）のスペース　72、99
- 介助犬　28、33、98
- 解説放送　31
- ガイドヘルプ　95
- 開閉予告灯　54
- 学習障害（LD）　70、75
- 拡大教科書　79
- 拡大読書器　66
- 片手リコーダー　78
- 可動ステップ　46
- カラーバールーペ　71
- カラーユニバーサルデザイン　78
- カラーユニバーサルデザインのチョーク　78
- きき手ふうじドッジ　80
- 共有スペース　52
- 車いす使用者の手伝い　96
- 車いす使用者用駐車場　19
- 車いすスペース　52
- くるんパス　78
- クロックポジション　30
- 警告ブロック　20
- 言語障害　81
- 言語障害通級指導教室　81
- 広汎性発達障害　75
- 合理的配慮　12
- 交流の時間　76
- コミュニケーション支援ボード　25、41、111

さ

- サイトライン　98
- ジェスチャーゲーム　80
- 支援員　81
- 視覚障害　32
- 視覚障害者誘導用ブロック　20
- 色弱　32
- 肢体不自由　34、81
- 自閉症　75
- 字幕　100
- 字幕放送　31
- 弱視　32、81
- 弱視通級指導教室　81
- 車内表示　54
- 手話　33、92〜93、111
- 手話放送　31
- 障害者権利条約　13
- 障害者差別解消法　12
- 障害のある人が使える設備のピクトグラム　88
- 障害の社会モデル　13
- 情緒障害　81
- 触読時計　30
- スペシャルオリンピックス　115
- スマートフォン（スマホ）　27、55
- スロープ　18、64、88、112
- スロープ板　46
- 線状ブロック　20
- SOGIE　109

た

- 多機能トイレ　　105、107、108、112
- 抱っこスピーカー　　101
- タブレット　　10、66
- だれでもトイレ　　109
- 単眼鏡　　66
- 知的障害　　35、81
- 注意欠陥多動性障害（ADHD）　　75
- 聴覚障害　　33
- 聴導犬　　24、30、33
- 通級　　81
- 通級指導教室　　64、81
- 通常の学級　　64、76、81
- ディスレクシア　　70、123
- デジタル教科書　　79
- 手すり　　43
- 手引き　　95
- デフリンピック　　115
- テンキー　　40
- 点字　　29、90〜91
- 点字教科書　　79
- 点字ブロック　　20、44
- 点状ブロック　　20
- 電話リレーサービス　　31
- 特別支援学級　　64、76、81
- 特別支援学校　　64、81

な

- 内部障害　　34、50
- 内方線つき点状ブロック　　44
- 難聴　　33、81
- 難聴通級指導教室　　81
- ノンステップバス　　58

は

- ハート・プラスマーク　　50
- 白杖　　20、95
- 発達障害　　35、75、81
- パラスポーツ　　115、117
- パラリンピアン　　114
- パラリンピック　　114
- バリアフリー　　4
- バリアフリー映画　　100
- ピクトグラム　　87〜89、108
- 筆談　　55、88
- 筆談器　　41、105、111
- 病弱・身体虚弱　　81
- 不当な差別的取扱い　　12
- ヘッドフォン　　65
- ヘルプマーク　　50、88
- ホーム縁端警告ブロック　　44
- ホームドア　　44
- 補助犬　　33
- 補助犬マーク　　88、104
- 補聴器　　68
- 翻訳アプリ　　55、111

ま

- マタニティマーク　　50、88
- 盲　　32
- 盲導犬　　33、104

や

- 優先席　　50、53
- ユーディーキャスト　　100
- 誘導ブロック　　20
- ユニバーサルデザイン　　83
- ユニバーサルデザイン（UD）書体　　71
- ユニバーサルデザインタクシー　　58
- ユニバーサルデザイン2020行動計画　　13
- 指文字　　93、94

ら

- リフトつきバス　　58
- ルーペ　　66
- ろう　　33
- ロービジョン　　32
- 録音図書　　79
- 路面電車　　59

「あたりまえ」を見直して、一歩前へ！

中野 泰志

　「心のバリア」という言葉を聞くと、多くの人が、私たちひとりひとりの「心」のなかにある、障害のある人に対する「偏見」や「差別」を思い浮かべるのではないでしょうか。また、障害のある人は「かわいそう」なので、守ってあげなければならないと考えることを「心のバリア」だと考える人もいると思います。

　確かに、障害のある人に差別や偏見をもったり、同情したり、自分のほうが優れていると考えたりすることは「心のバリア」のひとつです。そして、これらの「心のバリア」をなくす（フリーにする）ためには、ひとりひとりが障害のある人のことを正しく理解し、「やさしい気もち」で、自分のできることを実行することが大切です。そうすれば、信号機が見えない視覚障害の人を安全に手引きすることも、段差があってお店に入れない車いすの人のかわりに買い物をすることもできます。

　でも、考えてみてください。みなさんが障害のある人のことを理解し、やさしく接すれば、「バリア」はなくなるのでしょうか？　残念ながら、それだけでは「バリア」はなくなりません。なぜなら、障害のある人のまわりに、理解してくれるやさしい人がいつもいるわけではないからです。また、やさしい人がいなければ活動できないというのは自由ではないですよね？　あれ？　じゃあ、みなさんが「心のバリア」に気づき、そのバリアをなくす努力は意味がないのでしょうか？

　じつは「心のバリア」は、ひとりひとりのなかだけでなく、「社会」のなかにもあります。多くの信号機は見えない人のことを考えてつくられていませんし、お店の前に段差があったら、車いすの人が入れないことは、当然ですよね。信号機やお店をつくるときに、障害のある人たちのことを考えていなかったし、障害のある人たちが利用できないでこまっているのに、仕方ないとあきらめてしまっていたことも「心のバリア」だったのです。だから、みなさんだけでなく、「社会」のなかにある「心のバリア」をなくさなければ、「バリアフリー」は実現できません。今の社会をつくっているすべての人が「心のバリア」をなくしていく必要があるのです。

　この本では、ひとりひとりの人のなかだけでなく、社会のなかにも「心のバリア」があり、そのバリアを社会全体で解決する必要があるという新しい「心のバリアフリー」の考え方を紹介しています。じつは、この新しい「心のバリアフリー」の考え方は、2020年の東京オリンピック・パラリンピックに向けて日本の政府が発表した「ユニバーサルデザイン2020行動計画」にも書いてある大切な考え方です。

　この本を通して、みなさんひとりひとりが、どうして「バリア」ができてしまったのか、また、「バリア」をなくすためには、だれが、どんな努力をしなければならないかに気づいていただけるとうれしいです。「あたりまえ」を見直して、障害があってもなくても、だれもが共にくらしていける社会をめざしましょう！

ご協力いただいた方々

　本書の制作にあたっては、多くの方々に取材させていただき、それぞれの立場からのご意見や、貴重なアドバイスをいただきました。また、ここにお名前を掲載しきれない方からも、さまざまな形でご協力を賜りました。
　心より感謝申し上げます。

大場奈央（フリーコンサルタント・福祉住環境コーディネーター1級・工学修士・公共政策修士）

河合純一（一般社団法人日本パラリンピアンズ協会会長・一般社団法人日本身体障がい者水泳連盟会長・独立行政法人日本スポーツ振興センターハイパフォーマンスセンターハイパフォーマンス戦略部開発課主任専門職）

川内美彦（東洋大学ライフデザイン学部人間環境デザイン学科教授・工学博士・一級建築士）

公益財団法人 交通エコロジー・モビリティ財団　澤田大輔　竹島恵子

佐々木桃子（社会福祉法人東京都手をつなぐ育成会理事長・大田区手をつなぐ育成会会長）

佐藤 聡（認定NPO法人 DPI日本会議事務局長）

株式会社JTB　個人事業本部 事業統括部　関 裕之　立花一成

一般財団法人 全日本ろうあ連盟

田口亜希（一般社団法人日本パラリンピアンズ協会理事・特定非営利活動法人日本障害者スポーツ射撃連盟理事・日本郵船株式会社広報グループ社会貢献チーム）

藤堂栄子（認定NPO法人 EDGE会長）

奈良里紗（視覚障がい者ライフサポート機構"viwa"理事長）

社会福祉法人 日本点字図書館

公益財団法人 練馬区環境まちづくり公社 みどりのまちづくりセンター

練馬区福祉部管理課

練馬区立豊玉小学校4年生のみなさん

橋口亜希子（一般社団法人日本発達障害ネットワーク"JDDnet"事務局長）

橋爪智子（NPO法人日本補助犬情報センター専務理事兼事務局長）

星加良司（東京大学大学院教育学研究科附属 バリアフリー教育開発研究センター准教授）

増原裕子（株式会社トロワ・クルール代表取締役）

松森果林（聞こえる世界と聞こえない世界をつなぐユニバーサルデザインアドバイザー）

（あいうえお順・敬称略）

監修者 中野泰志（なかの やすし）

慶應義塾大学経済学部教授。国立特殊教育総合研究所（現・国立特別支援教育総研究所）視覚障害教育研究部研究員、慶應義塾大学経済学部助教授、東京大学先端科学技術研究センターバリアフリープロジェクト特任教授を経て、2006年より現職。専門は「知覚心理学」「障害者（児）心理学」「特別支援教育」。『ユニバーサルデザイン2020関係府省等連絡会議「心のバリアフリー分科会」』のメンバーであり、内閣官房の『「心のバリアフリー」を学ぶアニメーション教材』や『「心のバリアフリー」に向けた汎用性のある研修プログラム』の座長を担当した。監修書に「ユニバーサルデザイン ─みんなのくらしを便利に─」（全3巻、あかね書房）がある。

写真提供・撮影協力（掲載順・敬称略）

公益財団法人交通エコロジー・モビリティ財団（P25 コミュニケーション支援ボード）／東京地下鉄株式会社（P46 可動ステップ）／東海旅客鉄道株式会社（P52 新幹線の車いす対応席）／川崎タクシー株式会社（P58 ユニバーサルデザインタクシー）／東京ベイシティ交通株式会社（P58 バスの車いす・ベビーカー席）／京浜急行バス株式会社（P58 リフトつきリムジンバス）／本田技研工業株式会社（P59 手動運転補助装置つき自動車）／熊本市交通局（P59 路面電車）／東京国際空港ターミナル株式会社（P60 フラッシュライトつきトイレ）／池田レンズ工業株式会社（P66 ルーペ、単眼鏡）／社会福祉法人日本点字図書館（P66 拡大読書器・P79 点字教科書）／リオン株式会社（P68 補聴器）／鈴鹿市立白子小学校（P69 テニスボールをつけた机といす）／株式会社モリサワ（P71 UD書体）／共栄プラスチック株式会社（P71 カラーバールーペ）／日本理化学工業株式会社（P78 カラーユニバーサルデザインのチョーク）／アドプラス（P78 絵カード）／株式会社ソニック（P78 くるんパス）／ヤマハ株式会社（P78 片手リコーダー）／光村図書出版株式会社（P79 拡大教科書・デジタル教科書）／三貴ホールディングス株式会社（P96 車いす）／Palabra株式会社（P100 UDCast）／株式会社エンサウンド（P101 抱っこスピーカー）／日本大学病院（P106 壁絵）／一般財団法人全日本ろうあ連盟（P115 デフリンピック）／伊藤真吾・エックスワン（P116 車いすバスケットボール）／市川亮（P117 ゴールボール）

新しい 心のバリアフリーずかん
きみの「あたりまえ」を見直そう！

2018年 9月25日　第1刷発行
2024年 8月 5日　第3刷発行

監　修	中野泰志
文・構成	千谷文子・石井信子・川島晶子（ダグハウス）
編　集	川島晶子（ダグハウス）
イラスト	野田節美・内田尚子
デザイン	門川純子（ダグハウス）
発行者	中村宏平
発　行	株式会社ほるぷ出版

〒102-0073　東京都千代田区九段北1-15-15
電話 03-6261-6691　FAX 03-6261-6692

印　刷　共同印刷株式会社
製　本　株式会社ブックアート

NDC369 / 127P / 277×210mm / ISBN978-4-593-58778-0
Printed in Japan
○本書の文字は、すべてユニバーサルデザイン書体を使用しています。
○落丁・乱丁本は、小社営業部宛にご連絡ください。
　送料小社負担にて、お取り替えいたします。

●**本書のテキストデータを提供します。**

ご購入いただいた方のうち、視覚障害などの理由から本書の利用が困難な方へ、個人での利用目的に限り、本書のテキストデータを提供いたします。ご希望の方は、ご自身の氏名・電話番号・メールアドレスを明記し、本書カバー折り返しにあるデータ引換券（コピー不可）をそえて、小社までお送りください。

※データはテキストのみで、イラストなどは含まれません。
※本書の内容の、改変、流用、転載、その他営利を目的とした利用はお断りします。なお、第三者への貸与、配信、ネット上での公開等は、著作権法で禁止されておりますので、ご留意ください。

宛先　※住所は左記
　　　ほるぷ出版
　　　『新しい 心のバリアフリー』テキストデータ係